O LOUVADO
BUDDHA

O CAMINHO DA ILUMINAÇÃO E A FILOSOFIA DA SALVAÇÃO

(Samadhi)

GILBERTO LUIZ BACARO

O LOUVADO BUDDHA

O CAMINHO DA ILUMINAÇÃO E A FILOSOFIA DA SALVAÇÃO

(Samadhi)

O LOUVADO BUDDHA
Copyright© Editora Nova Senda

Diagramação e capa: Décio Lopes
Revisão: Luciana Papale
1ª impressão | Outono de 2017

DADOS DE CATALOGAÇÃO DA PUBLICAÇÃO

Bacaro, Gilberto Luiz

O Louvado Buddha – O caminho da iluminação e a filosofia da salvação/ Gilberto Luiz Bacaro – 1ª edição – São Paulo – Editora Nova Senda, 2017.

Bibliografia.
ISBN 978-85-66819-17-5

1. Budismo 2. Filosofia Oriental I. Título.

Proibida a reprodução total ou parcial desta obra, de qualquer forma ou por qualquer meio, seja eletrônico ou mecânico, inclusive por meio de processos xerográficos, incluindo ainda o uso da internet sem a permissão expressa da Editora Nova Senda, na pessoa de seu editor (Lei nº 9.610, de 19.02.1998).

Direitos exclusivos reservados para Editora Nova Senda.

EDITORA NOVA SENDA
Rua Jaboticabal, 698 – Vila Bertioga – São Paulo/SP
CEP 03188-001 | Tel. 11 2609-5787
contato@novasenda.com.br | www.novasenda.com.br

Ao Venerável Mestre Hsing Yün.

A Danna, você sempre será minha nenê.

Ofereço este trabalho como prova de profunda gratidão ao insubstituível Ângelo Giuseppe Roncalli, ao tio Jacintho Lino Bacaro, a José Carlos Santos Bacaro, ao Sr. Murakami, e s.s. Seiyu Kiriyama, mestre supremo do budismo fundamental.

Ao mestre Alberto Kiyotaca Okada.

Também a Imhotep, Hassan Ben Neketh, Anuar Sirrichi e Manava Manu.

Em Memória de Mr. Kazuo Oda.

Sumário

Prefácio 9

Introdução 13

I. A Renúncia do Príncipe Siddhartha Gauthama 17

II. Os Oito Caminhos da Felicidade 21

III. As Quatro Nobres Verdades 29

IV. A Sutra Sagrada 39

V. O Budismo no Século XXI 81

VI. Os ensinamentos orginais de Buddha 91

VII. Pósfácio 109

Oh! Buddha

Tu és a estrela do Oriente,
que iluminou até o Ocidente.

Tu és, grande Buddha,
o Lótus da verdadeira sabedoria,
do amor eterno,
o Lótus de luz que guia e ilumina o caminho.

Tu és, grande Buddha,
a maior transformação do ser humano
no ser verdadeiramente iluminado e salvo.

Tu és, grande Buddha,
a força da vida,
espiritual, cósmica e material.

Tu és, grande Buddha,
o caminho para a verdadeira iluminação,
e a verdade que ilumina o mundo.

Tu és aquele que transformou
o amor em luz pura,
o perdão no caminho correto,
e moldou o mundo
na verdade, iluminação, perseverança,
e desejos corretos.

Tu és o Grande Buddha.

Poema do autor para Sakyamuni Buddha,
como prova de profunda gratidão. Janeiro de 2004.

Prefácio

Gilberto Luiz Bacaro escreve notoriamente sobre a fé tão necessária para todas as pessoas. A fé que foi perdida devido a erros e péssimas interpretações das religiões ocidentais. Creio também que isso ocorreu no budismo original, porém com menor intensidade, devido aos pensamentos dos monges tibetanos, chineses, indianos e japoneses, que procuraram manter inalteradas as *Sagradas Sutras*.

Em todas as palestras e entrevistas, ele procura mostrar a necessidade de nos dedicarmos a uma verdadeira filosofia religiosa, na qual a valorização do ser humano é muito mais importante do que a valorização financeira, e mesmo de construções suntuosas para Deus, Jesus ou mesmo Buddha.

Este trabalho é mais um longo estudo e pesquisa de uma vida toda dedicada ao aprendizado e crescimento espiritual.

Segundo Gilberto Luiz Bacaro, as pessoas se afastaram da verdadeira filosofia divina, e com isso, levaram as famílias a se afastaram de Deus.

Esse afastamento provocou uma ruptura entre a fé e a existência do ser divino que habita em todos os seres. Essa ocorrência aconteceu a partir do pós-guerra, quando os valores materiais subjugaram todos os sentimentos cultivados pelos ancestrais europeus, que traziam em si, a fé na Igreja Católica. Provocou-se então uma ruptura entre a emoção de um Ser martirizado e a razão do crescimento espiritual e, diante disso, a humanidade perdeu seu referencial de fé e crença. Mas, aos poucos, estamos retornando às origens, alguns pelos caminhos mais suaves, outros pelos piores, mais difíceis e exaustivos.

O que mais importa, no entanto, é procurar a fé perdida. Defendemos o budismo, porém pode ser em qualquer filosofia religiosa que seja honesta e verdadeira, aquela que prega a compaixão e o amor com sabedoria, mesmo porque, nada podemos fazer com a sabedoria sem amor ou mesmo com amor sem sabedoria.

O budismo não prega a verdade absoluta, e o Louvado Buddha, também nunca se referiu a essa pretensão, mas com certeza a filosofia budista conduz à perfeição, à verdade e ao caminho da salvação e da iluminação perdidas.

O maior objetivo de Gilberto Luiz Bacaro será sempre o de conduzir as pessoas para o melhor caminho, essa é a sua missão, a pessoa que almeja esse estado elevado da espiritualidade não precisa ser budista, mas deve pensar e agir com amor, sabedoria e compaixão; acreditamos que isso já é um longo e maravilhoso passo em direção ao *Nirvana*, e consequentemente, ao verdadeiro Deus de Abrahão, como ele mesmo diz.

Por meio desta leitura, consegui entender exatamente como a missão do Príncipe Siddhartha Gauthama encontrou o caminho da salvação do ser humano e a longa jornada para o *Nirvana*, Paraíso ou Éden, como queiram chamar, o local no qual todos deveriam retornar e fazer-se leal às ideias dos grandes e verdadeiros profetas e filósofos religiosos.

Conheço Gilberto Luiz Bacaro há muitos anos, desde 1973, quando juntos ingressamos numa sociedade budista japonesa em São Paulo. Vi sua longa trajetória na eliminação dos *karmas*, sua realização pessoal através das práticas budistas e como conseguiu alterar radicalmente sua vida material e espiritual.

Parabenizo-o por mais esta obra e que todos que a lerem sintam-se plenamente elevados no longo aprendizado da filosofia do caminho do meio.

Mesmo utilizando termos em sânscrito e pali, são perfeitamente compreensíveis as explicações, de forma objetiva e verdadeira, explicando detalhadamente a teoria do vazio do Louvado Buddha.

Entendo que ele trata nestas páginas do verdadeiro estudo da filosofia budista, não apenas galgada nos mestres japoneses, mas também nos indianos, chineses e alguns ocidentais. Este livro é complexo, talvez uma leitura um pouco difícil para os leigos, mas no final, quem o ler com a mente voltada à purificação das reencarnações, com certeza estará a um passo de consegui-la.

Kenji Murakami
Maio de 2015
+ dezembro 2015 – Toronto, Canadá

Introdução

Quando alguém lhe disser que o budismo é uma religião sem Deus, não acredite, os verdadeiros budistas reverenciam a misericórdia de Deus e o amor incondicional de Jesus – como filho unigênito do Deus de Abrahão.

Gilberto Luiz Bacaro

Sempre procurei transmitir meus conhecimentos e talvez eu tenha até imposto para alguns a minha filosofia de vida que deu certo.

Porém, gostaria de introduzi-los num assunto puramente pessoal. No ano de 1973, conheci meu amigo Kenji Murakami, que se condoeu com minha situação de desempregado. Estávamos num ônibus no Jabaquara, eu retornando de mais uma promessa que havia feito para São Judas, e ele vindo de um templo budista próximo.

Dificilmente um oriental procura conversar com um desconhecido, eles são exemplarmente discretos, porém, esse amigo querido percebeu que algo de muito sério estava ocorrendo em minha vida. Iniciamos uma conversa sem grandes assuntos, mas contei a ele (mais um desabafo) da minha situação. Disse a ele que eu não parava em emprego algum, tinha uma vida instável e até aquela idade (vinte e oito anos), nada tinha conseguido na vida. Falei que fizera muitos cursos, até mesmo em vários segmentos religiosos e centros espíritas, e havia me bacharelado duas vezes numa excelente faculdade, mas nada conseguia. Disse também, que eu era filho de pai alcoólatra e ambos com problemas de neurose de guerra (eram italianos), contei que minha vida tinha sido muito difícil e que eu até pensara em suicídio várias vezes, apesar de saber que já tinham ocorrido oito suicídios na família. Minha situação era desesperadora, ele se condoeu e pediu para eu desembarcar e ir com ele até sua casa, próxima à Praça da Árvore em São Paulo. E eu fui. Acho que eu estava necessitando de uma palavra de ânimo para continuar procurando emprego.

Em sua casa ele me mostrou seu *"Butsudan"*, que é um altar onde os orientais oram para Buddha e reverenciam os antepassados, e o material que ele utilizava para suas orações e práticas budistas, aquilo me interessou muito, porque sempre achei o budismo uma prática religiosa perfeita, que respondia a todas as perguntas, e que realmente conduzia a algum local mais rápido e facilmente de que as outras religiões, e entendi posteriormente, que de nada adiantava promessas, orações, frequentar todos os centros espíritas possíveis, ou mesmo igrejas, até as evangélicas, porque me faltava o mais importante, que era adquirir a fé verdadeira.

O material vinha do Japão, na época, custava duzentos e cinquenta dólares americanos, para mim era caríssimo, impraticável, mas ele entendeu e mandou vir mesmo assim, eu lhe paguei aos poucos. No primeiro dia em que fiz as orações, sozinho, em minha casa, senti que algo grandioso estava nas práticas dos *mantras* e *mudras* budistas e iniciei as práticas diariamente. Após três meses, fui prestar um concurso público dificílimo, eu não tinha condições mentais para estudar, afinal estava quase passando fome, mas fui aprovado em nono lugar e ingressei no serviço público estadual em São Paulo.

A partir daquele momento minha vida foi uma trajetória de sucesso e muitos aperfeiçoamentos. Tenho até o momento quatorze livros escritos, sete publicados, adquiri bens materiais (que são necessários para a vida no planeta, afinal todos necessitam de dinheiro), consegui um relacionamento estável e adquiri a sabedoria de amar alguém verdadeiramente.

Ainda cursei mais três faculdades e fui para o Egito, Tunísia, Quênia, Índia, Tibete e Butão, para adquirir mais conhecimentos e sabedoria, e muitas vezes para o Japão, China, Canadá e Estados Unidos, para estudar mais a fundo o budismo que havia mudado radicalmente minha vida.

Escrevi tudo isso na introdução deste trabalho para que todos saibam que eu consegui, e que o Deus de Abraão, na sua infinita sabedoria e bondade, não me fez melhor ou mais privilegiado que ninguém. Lembre-se, se eu consegui você também conseguirá, através da verdadeira prática filosófica que ensina perdão, amor, carinho, compaixão e compreensão a todos os seres viventes no Planeta.

O método de Buddha é fácil e rápido para se atingir a perfeição. Em meu livro *"A Transfiguração da Essência Humana – Desenvolvendo a Inteligência"* – Editora Isis, 2014, você pode encontrar o método completo.

Namastê

Gilberto Luiz Bacaro
Maio de 2015

Louvemos o Abençoado Buddha

CAPÍTULO I

A Renúncia do Príncipe Siddhartha Gauthama

Existem inúmeras publicações, histórias e lendas em todo mundo sobre a trajetória da vida do príncipe Siddhartha Gauthama, o Louvado Buddha. Sabe-se que ele relegou uma vida faustosa de príncipe para viver como um simples asceta e praticar a mendicância por alimento, para assim, compreender o sofrimento humano, e após ter atingido a iluminação dedicou o restante de sua vida para transmitir os ensinamentos da "Verdade" para todos que quisessem alcançá-la.

O príncipe foi enviado para o Planeta com uma missão grandiosa de mudar a vida e interromper as encarnações de milhões de pessoas, mas aconteceram duas principais razões para que tudo isso ocorresse:

A PRIMEIRA foi a voz interior, seu "Eu" superior o encorajou a procurar a verdade. Essa voz lhe dizia que, vivendo fútil e faustosamente, Ele jamais teria satisfeito seu verdadeiro desejo, e que sua missão seria algo imensamente grandioso.

Compreendeu também, que uma vida fútil e vazia jamais conduzirá a algum lugar.

A SEGUNDA foi seus questionamentos sobre *As Quatro Grandes Verdades dos Sofrimentos*: nascimento, envelhecimento, doença e morte.

Esses questionamentos se iniciaram quando o príncipe, saindo do palácio, encontrou um homem velho que sofria devido à idade muito avançada; deparou-se com uma pessoa doente; logo mais adiante, com uma pessoa que estava morrendo e no bosque próximo a Kapilavastu, encontrou um asceta que há tudo renunciou para encontrar a verdade.

Após encontrar essas pessoas e seus sofrimentos, iniciou uma fase de compreensão das "Quatro Causas do Sofrimento".

Uma tarde, o príncipe conseguiu sair do palácio e, totalmente só, encontrou aquele mesmo asceta que pregava sua filosofia para algumas pessoas. O príncipe ouviu o sermão, mas ao contrário dos que ouviam e que tinham interesses naquela filosofia, ele não conseguia encontrar as necessárias respostas, ele tinha o desejo de saber qual era a busca das pessoas, que também era a interrupção dos sofrimentos, e atingir a iluminação, mas também entendeu que mesmo os líderes religiosos também tinham dúvida daquilo que pregavam.

Existia dentro do Louvado uma grande necessidade de manter-se só, afastado de todos, em profunda contemplação, mesmo sabendo que as obrigações sociais do palácio exigiam sua presença em muitas cerimônias. Por essa razão, manteve um relacionamento marital com quatro jovens: Yashodhara era a primeira esposa, depois veio Gopa, Manodhara e a linda concubina Murgaja, que também era uma dama de honra na corte.

Aos vinte e nove anos, o príncipe decide abandonar o palácio e a vida da realeza e inicia uma peregrinação pelo país dos Sakias, procurando um mestre e sua filosofia espiritual, que deveria ser rígida, com práticas ascéticas.

Durante nove anos vagou penosamente pelo vale do rio Ganges, buscando a verdade, a paz e o conhecimento para a iluminação.

Como nenhum asceta ou mestre lhe deu as necessárias respostas, e chegando ao esgotamento máximo da matéria, sentindo-se até próximo da morte e de desistir da longa busca por um mestre, como treinamento austero imposto a si mesmo descobriu que o sofrimento afasta ainda mais os seres humanos da essência da verdadeira salvação. Descobriu também que a sabedoria não é obtida com o sofrimento material, e que este pode até perturbar a mente e afastar a tranquilidade para a meditação correta e o autoconhecimento.

Insatisfeito com as práticas erradas, ele optou por uma vida mais natural e seguiu seu próprio caminho, o que o levou a procurar a solução dentro de si mesmo, porque no exterior dos sentimentos não a encontraria.

Leve-se em consideração que na Índia, até nos dias atuais, todos valorizam muito os poderes sobrenaturais, e naquela época mais do que nunca, existia o desejo de transpor todos os limites do mundo. Procuravam fugir da essência miserável da vida humana e até tornarem-se super-humanos.

Ele também percebeu, em muitas pessoas de várias etnias, uma busca frenética por métodos para obter a iluminação e a felicidade plena.

Deve-se saber que em todas as épocas as pessoas procuram por mestres que competem entre si para explicar como os seres humanos podem transformar sua vida de sofrimento numa vida plena de felicidades.

Numa manhã, após longos seis anos de privações e sofrimentos, o príncipe Siddhartha meditava embaixo das árvores "Banyans", sentado placidamente em profunda meditação, quando uma jovem que passava lhe ofereceu uma tigela de arroz cozido no leite. A jovem imaginou que ele fosse a divindade da árvore. O Louvado fartou-se e, recuperando as forças, continuou em sua profunda meditação à procura da Verdade. Somente sairia dali após compreendê-la totalmente, e assim, compreendeu as três causas do sofrimento que é imposto a todos os seres viventes que são: os desejos incontidos, os apegos e a ignorância em obtê-los. Compreendeu que esses estágios da vida fazem com que as pessoas sejam miseravelmente infelizes. No momento sublime de Sua iluminação lutou com todas as forças negativas de Si mesmo e as venceu. E assim compreendeu a verdade, a natureza da vida e dos sentimentos egocêntricos e dos *karmas* que regem o nascimento, a vida e sua perpetuação através da morte inevitável.

We praise the blessed Buddha

CAPÍTULO II

Os Oito Caminhos da Felicidade – O Caminho Óctuplo de Buddha

"A plena salvação, e a produção condicionada."

O budismo criado pelo príncipe Siddhartha Gauthama, o Louvado Buddha, visa única e exclusivamente o desenvolvimento mental, podendo triplicar a capacidade de memorização, inteligência e a percepção extrassensorial das pessoas ao máximo, elevando seu poder de leitura e compreensão de todas as coisas e situações, exclusivamente para a elevação espiritual e, consequentemente, à interrupção da *Roda das Encarnações* e a cessação do sofrimento que é inerente a todos os seres viventes no Planeta, nos quais se incluem os vegetais e os animais, mas permanecem inalterados os minerais.

Essa questão dos minerais é deveras interessante. Mas posso responder em uma única frase para que compreendam.

Os minerais pertencem ao Planeta Terra, e tudo o mais foi trazido para cá.

Por essa razão é que todos carregam, pela vida toda, a própria morte como o final, e até pensa-se na cessação do sofrimento de tudo que vive.

Mas esse pensamento é puro engano, o sofrimento poderá existir após a morte, claro que existe exceções à regra, mas deve-se entender que na realidade o sofrimento não tem fim, exceto por uma prática mental acompanhada de um ceticismo digno e equilibrado, e só então se pode eliminar totalmente o sofrimento, desta e de outras vidas futuras se houver.

Para isso, Ele criou o "Óctuplo Caminho", que são os oito caminhos corretos para se atingir a iluminação. Que nada mais são do que os oito padrões da mente para a mudança de hábitos, atos, pensamentos e palavras.

Nesse conceito o Louvado já o havia elaborado antes de ter atingido a iluminação, foi sua base para interromper a *Roda das Encarnações* e, no decorrer de suas orientações, Ele transmitiu o verdadeiro caminho para a libertação e estabeleceu:

- Primeiro: a correta visão de todas as coisas;
- Segundo: o correto pensamento;
- Terceiro: a correta expressão para todas as coisas e atos;
- Quarto: a correta ação;
- Quinto: a correta vida;
- Sexto: a correta dedicação de todas as coisas;
- Sétimo: a correta mentalização;
- Oitavo: a correta meditação e prática dos ensinamentos.

ພວກເຮົາສັນລະເສີນພຣະພຸດທະເຈົ້າໄດ້ຮັບພອນ

O termo correto é direcionado à mente e as ações do corpo: visão, pensamento, expressão, ação modo, estilo de vida, dedicar-se com esforço, usar o poder do pensamento em toda sua plenitude inclusive a meditação e a concentração.

Esse estado correto poderá ser verificado exclusivamente através da própria contemplação.

O Louvado deixou o conceito dos oito caminhos mostrando como eliminar os sofrimentos de uma forma multidimensional para se atingir a verdadeira iluminação espiritual.

ພວກເຮົາສັນລະເສີນພຣະພຸດທະເຈົ້າໄດ້ຮັບພອນ

O primeiro caminho é a correta visão: deve-se adquirir o poder de enxergar o mundo sem as distorções do ego e de conceitos, mas com a necessária e complementada sabedoria espiritual. A maioria dos sofrimentos vem através da visão errada, se a pessoa não enxergar fatos errôneos e negativos, estará menos propensa a cometer erros, sabendo que os desejos são aumentados através da informação da visão.

ພວກເຮົາສັນລະເສີນພຣະພຸດທະເຈົ້າໄດ້ຮັບພອນ

O segundo caminho é o correto pensamento: deve-se analisar por que o pensamento reflete a realidade e a natureza da mente e produz pensamentos incessantemente que normalmente não seguem um padrão determinado, mas a autoanalise dos pensamentos ter-se-á como resultado profundamente todos os anseios, fantasias, ilusões, realidades e situações irreais desenvolvidas através da própria irrealidade da mente.

O método de Buddha aprimora os pensamentos por meio do constante esforço para purificá-los, lembrando ainda que os pensamentos de duas pessoas, mesmo sendo próximas, são totalmente diferentes.

Se os pensamentos não têm valor, a pessoa leva uma vida fútil, vazia e sem grandes objetivos, principalmente na eliminação dos *karmas*.

Se a mente da pessoa está repleta de pensamentos maravilhosos, essa pessoa está levando uma vida perfeitamente feliz.

Melhorar a qualidade dos pensamentos contribui diretamente para a purificação dos *karmas* e compulsões provenientes da repetição do destino compulsivo familiar[1].

ພວກເຮົາສັນລະເສີນພະພຸດທະເຈົ້າໄດ້ຮັບພອນ

O terceiro caminho é a correta expressão para todas as coisas e atos: entende-se também como expressão, as palavras, que é o grande veículo que traz o maior sofrimento ao ser humano. A palavra que uma pessoa endereça poderá trazer sofrimentos ou alegrias a si mesmo ou para outra pessoa, e está diretamente relacionada à felicidade ou infelicidade de cada um.

Quanto maior for a evolução da pessoa, mais refinada será sua expressão e, consequentemente, as palavras por ela proferidas.

---

1. O doutor Leopold Szondi, discípulo de Jung e Freud, engenhosamente criou a teoria da repetição do destino compulsivo familiar.

Cabe salientar que no *Nirvana,* ou no mundo dos espíritos mais elevados, as palavras, assim como os pensamentos, são extremamente refinadas e elegantes, porque essas entidades estão em um nível de evolução tão superior e inatingível, que muitas vezes elas não têm necessidade nem de se expressar.

Portanto, lembre-se de que palavras negativas não traz felicidade a ninguém, muito pelo contrário, aumenta a infelicidade que já existe.

Refinar as palavras e expressões é o início do aprimoramento, talvez até o mais importante de todos, portanto, deve-se sempre usar palavras corretas que estejam em sintonia com as palavras do Louvado Buddha e até do próprio Deus.

A correta expressão tem o sentido na forma de falar a verdade, procurando trazer felicidade para si e às demais pessoas, sem jamais tecer comentários negativos ou maldosos, adular desnecessariamente, mentir, distribuir dúvida e discórdia em todos os momentos ou locais que você se encontre.

ພວກເຮົາສົນລະເສີນພະພຸດທະເຈົ້າໄດ້ຮັບພອນ

O quarto caminho é a correta ação: é o relacionamento harmonioso para consigo mesmo e com as demais pessoas e situações, contribui para a felicidade de outrem, lembrando ainda que a verdade Búdica ou Divina e as boas causas e ações, serão consideradas atitudes boas, porém matar, roubar, ou qualquer ato que traga infelicidade às pessoas, serão considerados como ações incorretas, isso deverá alimentar os *karmas* e, consequentemente, a infelicidade e sofrimento para a própria pessoa.

ພວກເຈົ້າສັນວະເສັນພະພຸດທະເຈົ້າໄດ້ຮັບພອນ

O quinto caminho é a correta vida: para seguir corretamente este caminho, deve-se analisar cada dia da própria vida e procurar comparar com o dia anterior, procurando aprimorar o próximo. Essa prática levará a pessoa a uma autoanálise para melhorar seu interior, sua vida como um todo e seu cotidiano, e poderá até descobrir coisas que realmente nunca chamaram a sua atenção. A violação do quinto caminho é muito fácil de ser praticada diariamente na vida de cada pessoa através de atos, palavras, decisões e principalmente do pensamento.

ພວກເຈົ້າສັນວະເສັນພະພຸດທະເຈົ້າໄດ້ຮັບພອນ

O sexto caminho é a correta dedicação a todas as coisas: deve-se dedicar todos os sentidos da vida para o engrandecimento do ser humano, podendo ser através da profissão, status social, filosofia religiosa, comportamento pessoal ilibado e, principalmente, respeitando a vida de todos os seres existentes.

ພວກເຈົ້າສັນວະເສັນພະພຸດທະເຈົ້າໄດ້ຮັບພອນ

O sétimo caminho é a correta mentalização: é adquirir consciência e esforçar-se com a atenção necessária para todas as atitudes, deve-se desenvolver atenção máxima para a consciência individual e coletiva, assim como a correta consciência sobre todos os sentidos pessoais, e isso poderá ocorrer na dedicação espontânea da meditação e concentração diária, principalmente nas orações diárias onde se emite vibrações mentais e espirituais poderosas, e para que isso ocorra, é importante que se tenha alcançado a paz interior e uma vida harmoniosa.

Entende-se que a oração é a própria concentração e meditação, não se deve separar uma da outra, ou seja, dentro do caminho "óctuplo" inclui-se a oração diária como forma de meditação e concentração.

Isso levará a pessoa a ter um correto pensamento e analisá-lo profundamente. É a diretriz que conduzirá ao desenvolvimento da força que irá controlar os pensamentos, objetivando um poder mental superior, impedindo que as negatividades diárias atinjam a pessoa através desse poder mental adquirido por meio da correta mentalização de todas as coisas.

ພວກເຮົາສົນວະເສົນພຣະພຸດທະເຈົ້າໄດ້ຮັບພອນ

O oitavo caminho é a correta meditação e a prática dos ensinamentos: esse caminho não inclui apenas as práticas religiosas, mas a vida diária da pessoa em todos seus aspectos e, principalmente, trata-se de uma postura mental e espiritual, que objetiva a comunicação com entidades superiores podendo ser até o próprio Buddha.

Sem a prática da correta medição, não se pode dizer que "despertou espiritualmente". Segundo o reverendo Ryuho Okawa: *"Não é fácil conhecer as vidas passadas, mas quando se consegue comunicação com as entidades superiores através da correta meditação, e verifica-se o consciente grandioso que existe dentro da própria mente, deve-se objetivar na meditação adquirir a verdadeira sabedoria. É exatamente nessa postura que se iniciará a 'Transfiguração'[2] da própria pessoa, desenvolvendo a arquiconsciência e se transformando no 'homo excelsos'."*

---

2. Vide livro "*A Transfiguração da Essência Humana – Desenvolvendo a Inteligência*", do autor – Editora Isis 2013.

Quando se adentra nos "portais da sabedoria", inicia-se o verdadeiro movimento da arquiconsciência, obtendo-se o início da extraordinária força da mente. Mas, se utilizado de forma adversa, poderá transformar a pessoa em obsessiva, a ter apegos enganosos e exagerados das coisas, e como consequência, um negativismo grande demais para si próprio.

Se utilizar os Quatro Portais da Sabedoria, conjuntamente ao Oitavo Caminho, a correta meditação e a prática dos ensinamentos com a força mental, aumentará a força centena de vezes. Podem até dizer que somente a força mental não produz muita coisa, mas com a postura mental correta, esta sim será a grande transformação que se dará na vida da pessoa.

Devem ainda participar de uma associação filosófica ascética, ou mesmo ter um mestre com conhecimentos suficientes para encaminhar a meditação e a concentração de forma adequada.

No budismo que professo não se recomenda práticas de meditação e concentração sem os devidos conhecimentos necessários para essas práticas, a mente é maravilhosamente prodigiosa, com infinitas possibilidades de se expandir por todo universo, e apenas uma única postura ou pensamento errado durante a meditação ou concentração poderá acarretar ao praticante consequências totalmente imprevisíveis e perigosas.

Para essas práticas, recomenda-se ter sempre em mente todos os detalhes do equilíbrio, adquiridos através da postura dos *Oito Caminhos da Felicidade*.

CAPÍTULO III

As Quatro Nobres Verdades

Para chegar ao nível de Buddha, o príncipe Siddhartha Gauthama verificou a verdade da origem e desenvolvimento das pessoas, que ele também chamou de *Gênese Condicionada*. Ele percebeu que a maioria das pessoas não conseguia compreender sua filosofia, então a iniciou pelas *Quatro Nobres Verdades*, que também foi chamada de *Primeiro Giro da Roda das Encarnações*.

As *Quatro Nobres Verdades* são compostas de quatro posturas que todas as pessoas têm, e por seu intermédio é que existe a reencarnação:

- A primeira é a existência do sofrimento;
- A segunda é a origem do sofrimento;
- A terceira é a cessação do sofrimento;
- A quarta é o caminho que leva à cessação do sofrimento.

Significado das Quatro Nobres Verdades

No *Shastra Yogachara-bhumi* (Tratado sobre a Prática da Yoga), a prática provoca no praticante a conscientização da verdade da existência do sofrimento, e tem a ver com o método que leva a cessação do sofrimento, nada poderá ser falso ou mesmo enganoso para considerar a cessação do sofrimento inerente a todos os seres existentes.

Explica-se ainda que o termo "nobre" significa que somente os nobres conseguem compreendê-las, entenda como nobre, todo aquele que eliminou o pior dos *karmas* que é o da ignorância, esse *karma* não permite o desenvolvimento mental adequado, é o mesmo que turvar a visão para os seres elevados ou espíritos superiores. Por isso que se diz no budismo fundamental que "os ignorantes" não conseguem compreender as *Quatro Nobres Verdades*, que é o elo entre a ilusão e a iluminação, porque quando elas não são devidamente compreendidas, os apegos tornam-se mais arraigados na personalidade e, com isso, não poderá existir a elevação espiritual da pessoa.

De acordo com a *Sagrada Sutra*:

> "A Lua poderá se aquecer e o Sol esfriar, mas as Quatro Nobres Verdades de Sakyamuni Buddha nunca mudarão."

Porque elas estão na essência do inconsciente universal, e por isso não conseguem se libertar de tudo que é ilusório.

Deve-se adquirir sabedoria para compreender as *Quatro Nobres Verdades* em sua totalidade.

- A primeira afirma que viver é sofrer;
- A segunda, que o sofrimento é provocado pelos apegos provocados pela ilusão;
- A terceira atesta que a iluminação ou a libertação do sofrimento é possível;
- A quarta, como alcançar a iluminação.

O processo de causa e efeito está bem amparado nas duas *Primeiras Nobres Verdades*, sendo a primeira o efeito e a segunda a causa.

Deve-se atentar que a relação entre a terceira e a quarta, é o efeito provocado pela quarta.

Vale ainda observar o porquê de o Louvado as ter colocado nessa ordem, mas se fosse numa ordem invertida, as pessoas possuidoras dos karmas da ignorância não conseguiriam compreendê-las da mesma forma.

A sequência determinada por Buddha permite que as verdades sejam ensinadas da forma mais eficaz.

Sempre será mais fácil entender o efeito e depois a causa, por essa razão, o Louvado primeiro salientou a verdade da existência do sofrimento e depois a causa do sofrimento.

Quando a pessoa entende as duas *Primeiras Nobres Verdades*, entende que quer se libertar delas.

Por isso o Louvado ensinou para todos como alcançar a libertação através da *Terceira Nobre Verdade*, que é a cessação do sofrimento na *Quarta Nobre Verdade*, é o próprio caminho para o *Nirvana*.

Em sua engenhosidade, Buddha faz todos verem inicialmente o problema, e posteriormente, a solução.

O elemento primordial de Sua doutrina é praticar a compaixão, porque não se adquire sabedoria, nem se consegue a libertação karmática sem essa prática mental.

As *Quatro Nobres Verdades*, na realidade, mostram um profundo ensinamento, e quando se estuda e aprofunda-se muito, percebe-se o quanto é inteligente a forma da compaixão do Louvado em descobrir e transmitir esses conhecimentos.

A *Primeira Nobre Verdade* demonstra o sofrimento, Ele viu, com muita clareza, um sentimento que as pessoas conseguem ver ocasionalmente, sabendo que é impossível uma pessoa conquistar total satisfação que existe em querer.

Os dois principais sofrimentos são o interno e o externo, essa classificação é amplamente encontrada nas *Sutras*, está é a forma de se compreender o sofrimento.

Os sofrimentos internos são aqueles que as pessoas consideram parte integrante de sua personalidade, como ciúme, teimosia, inveja, raiva, medo. Os externos são todos aqueles que vêm de fora, provocado por pessoas ou situações alheias à vontade da pessoa, mas não é possível se evitar qualquer um deles.

ॐ मणि पद्मे हुम्

Os quatro principais sofrimentos:

O primeiro é inerente àquele que se mantém simplesmente por estarem vivos.

ॐ मणि पद्मे हुम

O segundo é o sofrimento (latente), aquele que está na mente, mesmo nos momentos felizes, principalmente na morte de uma pessoa, afinal tudo envelhece e se deteriora.

ॐ मणि पद्मे हुम

O terceiro é provocado por se viver num mundo imperfeito, impregnado de ilusões, onde todos têm pouco controle de sua vida, o medo, a ansiedade, e a impotência de se ter pouco controle da própria vida.

ॐ मणि पद्मे हुम

O quarto é o verdadeiro caminho para a cessação do sofrimento, o Louvado fornece o método para que seja alcançada a iluminação e também o *Nobre Caminho Óctuplo*. Ele forneceu formas para se produzir (livre-arbítrio) o entendimento e a aplicação das *Nobres Verdades*, para que cessem de procurar a felicidade em lugares que ela não existe.

Os níveis dos sofrimentos da existência humana

Todos os seres que percebem pelos sentidos e recebem pressões e informações, são classificados por:

Nascimento:

Todos são gerados em nove meses de gestação, sentindo o perigo mesmo de dentro do ventre materno, e todos sentem também a dor e o medo do próprio nascimento e, finalmente, nascem e mantêm-se prisioneiros num corpo, que apesar de perfeito, com o decorrer do tempo se torna imperfeito.

Velhice:

Todos são obrigados a enfrentar o envelhecimento da matéria e a degeneração do corpo material e da mente.

Doença:

É inerente a todos que sofram com a dor material. A saúde é um prazer por ser tão contrastante como a doença. Todos, em algum momento, sofrem a dor e a humilhação da doença.

Morte:

A única e verdadeira realidade. Mesmo que a vida seja perfeita, a morte sempre estará presente. Mesmo que a vida seja considerada plena, a morte é inevitável.

Desejos não realizados:

Os anseios e desejos determinam quem a pessoa é, e demonstram a capacidade de não entender o *Dharma*[3], situações causadoras de inúmeros problemas. Sabendo ainda que a maioria dos desejos das pessoas não se realiza no decorrer de toda sua vida, causando duas vezes mais sofrimentos, devendo lembrar também, que o apego e frustração provocados por si mesmo, é uma forma inesgotável na geração do sofrimento, e sempre se repetirá nas encarnações futuras da pessoa.

---

3. *Dharma*: é a verdadeira aplicação prática dos métodos de treinamento e a metodologia de treinamento mental e espiritual budista, para desenvolver a inteligência. Dharma no budismo é a verdade contida nos ensinamentos de Buddha.

As *Quatro Nobres Verdades* é o maior ensinamento do Louvado. Sentindo a morte próxima, Ele disse aos discípulos:

"Se algum de vocês tiver dúvidas quanto as *Quatro Nobres Verdades*, devem me perguntar agora, pois se houver dúvidas eu poderei orientá-los devidamente."

Devoto especial atenção a essas quatro posturas da mente, porque este é o único e verdadeiro caminho para a iluminação e a cessação da *Roda das Encarnações*.

Os ensinamentos do Louvado foram definidos como *As Três Rodas do Dharma*, essa divisão facilita a compreensão dos ensinamentos de Buddha e oferecem três perspectivas:

- O Primeiro Movimento Giratório da *Roda do Dharma* na *Sutra Dharma Chakra* o Louvado assim se expressou:

    "O apego e acúmulo das coisas erradas, quem tem a natureza opressiva, somente eliminará o sofrimento fora desses apegos, através da compreensão do caminho, através do cultivo da verdadeira natureza de cada um."

- O Segundo Movimento Giratório da Persuasão da *Roda do Dharma* refere-se ao período em que Buddha ensinou e persuadiu os discípulos, auxiliando-os na extinção do sofrimento através da compreensão total das *Quatro Nobres Verdades*. Nessa época, o Louvado transmitiu as verdades na *Sutra Dharma Chakra*.

    "Viver é sofrimento e por isso todos devem compreendê-lo. Portanto, está é uma vida de sofrimento, e devem eliminá-los, devem provocar a cessação do sofrimento, todos devem despertar para esta realidade. Estou lhes mostrando o caminho para a cessação do sofrimento, e todos devem praticá-lo."

- O Terceiro Movimento Giratório da *Roda do Dharma*, também é chamado de *Movimento Giratório Comprovado*. Nesse período Buddha citava-se como exemplo de ter cessado seu sofrimento e alcançado a iluminação, dizia inclusive:

"Eu consegui, todos podem conseguir também."

E falou também da seguinte maneira sobre as Quatro Nobres Verdades:

"Tudo no mundo é sofrimento e eu o conheço bem, a causa do meu sofrimento eu já eliminei, consegui cessar a minha Roda do Dharma porque despertei para ela, o caminho da cessação do sofrimento já o trilhei. Agora compete a cada um também o trilhar."

O método de Buddha pode curar a todos, porque seus ensinamentos podem curar os apegos errôneos e doentios das ilusões. Quando se compreende na totalidade dos ensinamentos do Louvado as *Quatro Nobres Verdades*, tudo na vida se transforma e fica mais fácil de entender todos os ensinamentos de Buddha. Por este motivo, a compreensão para as práticas dos ensinamentos levam à libertação da dor e do sofrimento.

O Louvado Buddha seria o médico, Ele tem o remédio; vocês somente devem tomá-lo. As *Quatro Nobres Verdades* do Buddha constituem a cura para o sofrimento humano.

O *Manjushri*, que é um Boddhisatva, disse sobre a *Nobre Verdade* do método para cessar o Sofrimento:

"Discípulos do Iluminado Buddha, no mundo de sofrimento, a Nobre Verdade do Sofrimento tem amplos significados: a ingratidão, a opressão, o apego às coisas e situações errôneas, dor, dependências dos sentidos materiais, loucura, doença e principalmente a estupidez da sedução do desejo ao extremo e a possessão pelas situações degradantes."

"Discípulos do Iluminado Buddha, no mundo, o sofrimento poderá ter vários significados: a paz perfeita, não ter percepção das situações ilusórias, não ser proprietário de sua própria natureza e de seu ser, deve-se saber a verdade e habitar totalmente em sua natureza e do próprio ser."

"Discípulos do Iluminado Buddha, a Nobre Verdade do Caminho da Cessação do Sofrimento tem muitos significados, principalmente do próprio Veículo Único, desde que se adquira um desejo tranquilo e sem restrições à renúncia das compulsões negativas, não ter anseios errôneos e seguir sempre as demonstrações sagradas."

"Discípulos do mundo material do Iluminado Buddha, as Quatro Nobres Verdades têm muitos nomes e significados que somente são compreendidos pelos seres encarnados conforme suas tendências e nível de elevação espiritual, e demonstra a todos como conquistar o controle de si mesmo através da mente."

O Boddhisatva Manjushri demonstrou em suas pregações que o *Caminho das Quatro Nobres Verdades* é o verdadeiro caminho para a libertação do sofrimento do corpo, da mente, do espírito, enfim, da própria vida, material e espiritual.

A *Sutra Ágama,* ou mais conhecida como a *Sagrada Sutra,* contém os principais aspectos ou "Caminho", para a salvação citada por Jesus, o Cristo Salvador[4], ou a iluminação apregoada pelo príncipe Siddhartha Gauthama, o Louvado Buddha.

---

4. Podemos citar que Jesus, o Cristo Salvador, fala em salvação, e diz ainda: *"Porque o meu jugo é suave, e o meu fardo é leve."* Mateus 11:29,30. Então o Divino Mestre falou exatamente na eliminação dos karmas.

ພອກເຮົາສັນລະເສີນພະະພຸດທະເຈົ້າໄດ້ຮັບພອນ
Let us praise the wisdom of buddha

CAPÍTULO IV

A Sutra Sagrada[5]

Todos os ensinamentos de Buddha Sakyamuni foram compilados por seus discípulos após sua morte e nomeado de *Sutra Ágama* ou *Sutra Sagrada*.

A *Sutra* nada mais é do que uma indicação do caminho da felicidade plena, a cessação do sofrimento, por isso, os budistas preservam as *Sagradas Sutras* como o próprio *Samadhi* – a joia miraculosa do budismo –, mas entenda-se que essa joia nada mais é do que a sabedoria adquirida e armazenada no inconsciente profundo, não permitindo que o ego bloqueie os conhecimentos para o consciente, alterando, consequentemente, o comportamento e o padrão da mente da pessoa, podendo até afirmar que a sabedoria adquirida jamais se perderá.

---

5. Considero este o mais complexo capítulo deste livro.

Porém deve-se entender que os *karmas* sempre estarão ativos na mente das pessoas, tentando impedir que a iluminação chegue até o inconsciente mais profundo da mente humana. Muitas vezes, atos impensados, mas com sentidos maldosos, através de pensamentos ou mesmo de palavras, já deram causa ganha ao *karma* e, consequentemente, para o sofrimento humano, e também para que a *Roda das Encarnações* continue girando livremente, fazendo com que a vida da pessoa seja como um barco à deriva no imenso mar tempestuoso, por não ter onde atracar e cessar o sofrimento, somente num porto seguro e bem amarrado é que poderá sentir-se novamente seguro.

O mar representa a vida, o barco as reencarnações ou o destino e a tempestade os *karmas* e os sofrimentos inerentes a eles.

O entendimento da *Sagrada Sutra* é o caminho mais importante, não apenas para o praticante do budismo, mas para todo aquele que pretende mudar sua vida para muito melhor.

O sofrimento existe em todas as camadas da sociedade, dos seres humanos e também dos animais e das plantas, porque num determinado momento, a vida material deverá cessar, e esse com certeza é o maior sofrimento.

Nas religiões ocidentais oram-se as preces, mas todas as orações nada mais são do que os mantras budistas, muda o nome, mas o sentido é o mesmo.

O que não se aprendeu no ocidente é raciocinar através dos textos das orações, e no budismo aprende-se o sentido da oração e seu significado mais profundo.

A *Sagrada Sutra* utilizada no budismo, também chamada de *Sutras Ágama*, tem o seu ensinamento básico nas principais *Sutras* do budismo, é a *Sutra* que desperta o *Skandhas*[6] e o *Dharma*, também chamada *Sutra do Coração*, para se atingir o *Samsara*, que é o estado mental da perfeita concentração em um único objetivo.

Buddha Sakyamuni

---

6. *Skandhas*: referem-se tanto ao grupo religioso, como a comunidade em si, seus líderes, as posturas e os ensinamentos corretos.

Mantra do nobre Avalokiteshavara Boddhisatva[7]

O nobre Avalokiteshavara Boddhisatva, durante a realização da prática profunda, olhou para os cinco *Skandhas*, viu os vazios de existência e disse:

> *"Aqui nobre Shariputra, a forma é o vazio, e o vazio é a forma, o vazio não está separado da forma, e a forma não está vazia, e não separa o que é forma vazia, o mesmo se aplica a sensação, a percepção e memória da consciência."*
>
> *Nobre Shariputra, todo Dharma é definido pelo vazio, não por nascimento ou destituído da pureza ou impureza, perfeição ou imperfeição.*
>
> *Portanto, Shariputra, no vazio não há forma ou sensação, nem percepção nem memória ou consciência.*
>
> *Nenhum olho, ouvido ou nariz, língua ou corpo ou mente. Nenhuma forma, som, cheiro, gosto, sentimento ou pensamento, nem elemento de percepção, nem do olho para a consciência conceitual, nem vínculo casual, desde a ignorância a velhice e morte.*
>
> *Não o fim do vínculo de causalidade, a partir da ignorância a velhice e a morte, o sofrimento não terá nenhum alívio, nenhum conhecimento ou obtenção, ou não obtenção.*

---

7. *Boddhisatva*: pessoa que manifestou o nível pleno de benevolência, pois se dedica a felicidade das demais. *Bodhi* que significa sabedoria do Buddha, e *Sattva*, seres sensíveis.

Portanto, Nobre Shariputra, sem realização, o Boddhisatva se refugia em Prajnaparamita, sem os mitos da mente, sem paredes da mente, portanto, viver sem medo; ver através de ilusões e, finalmente, o Nirvana.

Todos os passados, presentes e futuros Buddhas, abrigam-se no Prajnaparamita, e realizam sua iluminação insuperável e perfeita.

Portanto, deve-se conhecer o grande mantra Prajnaparamita, o mantra de grande magia, o mantra insuperável, o mantra igual e inigualável.

O mantra que cura todos os sofrimentos, tudo o que é verdadeiro e não falso o mantra que o Prajnaparamita lê:

O grande portal do Boddhisatva.

Este mantra, retirado da *Sutra Ágama*, poderá ser o mantra mais importante dos ensinamentos do Louvado e sua teoria da não existência do vazio.

É o ensinamento da *Sutra* conhecida como Prajnaparamita, o termo *Prajna* em sânscrito significa "sabedoria", *para*, significa "antes", e *jna*, significa "o conhecimento", "a sabedoria antes do conhecimento".

Para os antigos e primeiros budistas, refere-se aquele que vem antes do conhecimento, e eles os chamavam de *Shunryo Suzuki*, ou seja, a "mente do principiante". No entanto, nos séculos seguintes, após a ida do Louvado para o *Nirvana*, o foco estava no conhecimento do *Prajna*, e seus membros, dos primeiros ensinamentos budistas até os atuais, argumentavam que era na verdade um sistema complexo, e que poderia ser conhecido, mas que a libertação dependia do conhecimento dos primeiros textos mais importantes dos *Sarvastivadines*, que é o *Abhidharma Jnana-prasthana* de *katyaniputra*, que é a fonte do conhecimento através do estudo dos *Dharmas*, que foi compilado em torno do ano 200 depois do Louvado, e tido como a matriz e a base de tudo o que se pode e deve saber, pode parecer com a combinação de textos *Prajna*.

Entendo que tudo isso para os leigos é muito complicado, porém fiz questão de colocar nestas singelas páginas a origem de todos os ensinamentos do Louvado no decorrer dos séculos.

Para um maior entendimento, a seguir detalharei cada uma das frases da *Sagrada Sutra*, para que todos que a lerem a entendam profundamente e tenham como objetivo a mudança de seu interior.

Trata-se de uma filosofia de mudança de vida, através da sabedoria e do conhecimento que todos possuem, não existe nenhuma conotação religiosa nos textos da *Sutra*, que tem seu ponto básico e primordial nos objetivos práticos e realistas, independentemente de qualquer filosofia ou mesmo conhecimentos religiosos. Para separar *As Verdades do Nobre Avalokiteshavara*, coloquei em sânscrito a seguinte sentença: (Louvemos a Sabedoria do Louvado Buddha), que é uma sentença para separar os verbetes, mas tem a colocação do sentido do mantra original, seriam palavras mágicas para que todos possam reter no inconsciente a prática perfeita para a libertação da mente, você deve fixar profundamente esse ideograma, em seguida ler os mantras e fazê-lo exatamente como está. Não altere absolutamente nada.

ພວກເຮົາສົນລະເສີນພະພຸດທະເຈົ້າໄດ້ຮັບພອນ

Prajnaparamita

01. O nobre Avalokiteshavara Boddhisatva: com esta frase se inicia a *Sagrada Sutra*, falando ao Boddhisatva Avalokiteshavara em que é chamado de nobre, porque nobre é a sabedoria de um Boddhisatva, é atribuída essa prática de elevação espiritual pelos discípulos Ananda e Shariputra onde Buddha estava presente, e a presença de seus assistentes de memória infalivelmente implícita.

ພວກເຮົາສົນລະເສີນພະພຸດທະເຈົ້າໄດ້ຮັບພອນ

02. Durante a realização da prática profunda: toda prática obrigatoriamente deverá ser profunda, porque através dela é que se inicia o processo da eliminação das negatividades materiais e espirituais, que todas as pessoas são possuidoras.

ພວກເຮົາສົນລະເສີນພະພຸດທະເຈົ້າໄດ້ຮັບພອນ

03. Olhou para os cinco *Skandhas*: são os principais membros da comunidade budista, porque se acredita que sozinhos não se adquiri os conhecimentos necessários para a elevação espiritual, mas com o *Skandhas*, ou grupo de praticantes, adquirir a sabedoria é primordial.

ພວກເຮົາສັນລະເສີນພະພຸດທະເຈົ້າໄດ້ຮັບພອນ

04. E VIU OS VAZIOS DE EXISTÊNCIA E DISSE QUE VIU AS FORMAS DE EXISTÊNCIA, E PODERÁ SER NO TEMPO E ESPAÇO: a explicação é um tanto simples demais, porém sua profundidade é o que lhe dá o maior valor. O que foi não existe mais, e tudo o que existiu, no próximo momento não existirá, algo que pertence ao presente poderá ser superior a algo importante que pertenceu ao passado.

ພວກເຮົາສັນລະເສີນພະພຸດທະເຈົ້າໄດ້ຮັບພອນ

05. AQUI NOBRE SHARIPUTRA: refere-se a esta vida, esta existência, estar aqui e agora.

ພວກເຮົາສັນລະເສີນພະພຸດທະເຈົ້າໄດ້ຮັບພອນ

06. A FORMA É O VAZIO, E O VAZIO É A FORMA: o vazio é a solidão individual de cada pessoa.

ພວກເຮົາສັນລະເສີນພະພຸດທະເຈົ້າໄດ້ຮັບພອນ

07. O VAZIO NÃO ESTÁ SEPARADO DA FORMA: a própria vida poderá ser vazia, dependendo da forma que ela é vivida.

ພວກເຮົາສັນລະເສີນພະພຸດທະເຈົ້າໄດ້ຮັບພອນ

08. E A FORMA NÃO ESTÁ VAZIA À FORMA: se refere a todas as concepções da própria vida.

ພວກເຮົາສັນລະເສີນພະພຸດທະເຈົ້າໄດ້ຮັບພອນ

09. E NÃO SEPARA O QUE É FORMA VAZIA: significa que os hábitos têm formas, mas não conseguem preencher totalmente este vazio.

ພອກເຮົາສັນລະເສີນພະພຸດທະເຈົ້າໄດ້ຮັບພອນ

10. O MESMO SE APLICA A SENSAÇÃO, A PERCEPÇÃO E ME-
MÓRIA DA CONSCIÊNCIA: significa que não se preenche
uma forma vazia através de percepções (concepções),
porque através da memória e da consciência, manter-
-se-á sempre a forma vazia do ser.

ພອກເຮົາສັນລະເສີນພະພຸດທະເຈົ້າໄດ້ຮັບພອນ

11. NOBRE SHARIPUTRA: elevação máxima do discípulo
Shariputra.

ພອກເຮົາສັນລະເສີນພະພຸດທະເຈົ້າໄດ້ຮັບພອນ

12. TODO *DHARMA* É DEFINIDO PELO VAZIO: representa a
verdade contida nos ensinamentos do Louvado.

ພອກເຮົາສັນລະເສີນພະພຸດທະເຈົ້າໄດ້ຮັບພອນ

13. NÃO POR NASCIMENTO: para o Louvado
não existia nascimento e morte, porque
não existe iluminação no nascimento e nem
na morte, a pessoa não tem ilusões pelo
nascimento nem na morte. Para romper
esse ciclo de nascimento e morte, deve-se
compreender profundamente o que esta
frase significa.

Estátua representando um discípulo Shariputra

ພອກເຮົາສັນຈະເຮັນພຣະພຸດທະເຈົ້າໄດ້ບົບພອນ

14. Ou destituído da pureza ou impureza: significa que a purificação da mente é perseverar e se esforçar muito para limpar a mente das impurezas dos pensamentos, das forças mentais prejudiciais que viciam a mente das pessoas com valores e atitudes. As principais impurezas são as "raízes do mal": cobiça, raiva e ingratidão; e suas inúmeras ramificações: ódio, crueldade, avareza, inveja, arrogância, hipocrisia e vaidade.

ພອກເຮົາສັນຈະເຮັນພຣະພຸດທະເຈົ້າໄດ້ບົບພອນ

15. Perfeição ou imperfeição: *Paramita* em sânscrito significa "ir além", ou mesmo "atravessar para outro lado". Os preceitos budistas mostram que essa travessia é o único e mais eficiente caminho de quem procura a libertação e é usada para simbolizar as seis virtudes principais do budismo: generosidade, disciplina, ética, paciência, esforço, concentração e sabedoria. Libertando-se da imperfeição, pode-se ir muito "além". Deve-se encontrar a perfeição da existência através da existência imperfeita, encontrar a perfeição e a imperfeição, a perfeição não é diferente da imperfeição, devem sempre buscar o que está dentro de cada um e não fora, deve-se encontrar a verdade através das próprias dificuldades e sofrimento pessoal. Este é o ensinamento do Louvado, bom não é diferente de mau, bom é mau e mau é bom, a iluminação deverá ser no perfeito entendimento correto da vida, senão aceitar a verdade da impermanência, é obrigatório as práticas através da mente desses sentimentos, e com o verdadeiro esforço, libertar-se totalmente disso.

ພອກເຮົາສັນລະເສີນພະພຸດທະເຈົ້າໄດ້ຮັບພອນ

16. **Portanto, Shariputra, no vazio, não há forma ou sensação**: significa que "no vazio" não existe forma ou sensação, refere-se às pessoas que perderam a essência divina de seu "Eu" superior.

ພອກເຮົາສັນລະເສີນພະພຸດທະເຈົ້າໄດ້ຮັບພອນ

17. **Nem percepção nem memória ou consciência**: significa que algumas pessoas passam a existência sem a memória do aprendizado anterior e não conseguem consciência suficiente para a evolução espiritual.

ພອກເຮົາສັນລະເສີນພະພຸດທະເຈົ້າໄດ້ຮັບພອນ

18. **Nenhum olho, ouvido, nariz, língua, corpo e mente, nenhuma forma, som, cheiro, sentimento, pensamento ou gosto**: significa destituir-se dos órgãos que poderão gerar mais sofrimentos e inclusive alimentando os karmas.

ພອກເຮົາສັນລະເສີນພະພຸດທະເຈົ້າໄດ້ຮັບພອນ

19. **Nem elemento de percepção, nem do olho para a consciência conceitual**: significa não usar os poderes mentais, espirituais ou mediúnicos de tal forma que poderá impedir o crescimento da pessoa.

ພອກເຮົາສັນລະເສີນພະພຸດທະເຈົ້າໄດ້ຮັບພອນ

20. **Nem vínculo casual**: significa relacionamentos que provoque a fuga da pessoa da realidade.

ພອກເຊົາສັວລະເສີນພະພຸດທະເຈົ້າໃດຮັບພອນ

21. A IGNORÂNCIA DA VELHICE E DA MORTE: significa ignorar totalmente as condições da matéria, como a velhice e a contaminação por doenças que não são karmáticas.

ພອກເຊົາສັວລະເສີນພະພຸດທະເຈົ້າໃດຮັບພອນ

22. O SOFRIMENTO NÃO TERÁ NENHUM ALÍVIO: manter o karma da ignorância de tal forma que a pessoa terá os olhos vendados para toda realidade da vida que lhe possa trazer iluminação.

ພອກເຊົາສັວລະເສີນພະພຸດທະເຈົ້າໃດຮັບພອນ

23. NENHUM CONHECIMENTO OU A OBTENÇÃO: significa manter-se na ignorância.

ພອກເຊົາສັວລະເສີນພະພຸດທະເຈົ້າໃດຮັບພອນ

24. PORTANTO SHARIPUTRA, SEM REALIZAÇÃO, O BODDHISATVA SE REFUGIA EM PRAJNAPARAMITA: significa que a pessoa não tem fé suficiente para antever seu futuro material e espiritual.

ພອກເຊົາສັວລະເສີນພະພຸດທະເຈົ້າໃດຮັບພອນ

25. SEM OS MITOS DA MENTE: significa sem os vícios mentais.

ພອກເຊົາສັວລະເສີນພະພຸດທະເຈົ້າໃດຮັບພອນ

26. SEM PAREDES DA MENTE: significa sem se manter em induções errôneas, podendo ser habituais, filosóficas ou religiosas.

ພວກເຮົາສັນລະເສີນພຣະພຸດທະເຈົ້າໄດ້ຮັບພອນ

27. **Portanto, viver sem medo**: indica que o medo poderá atrasar nosso desenvolvimento mental, espiritual e material.

28. **Não ver através das ilusões**: significa que quando a mente está devidamente treinada, está preparada para o *Nirvana* e a Iluminação definitiva.

ພວກເຮົາສັນລະເສີນພຣະພຸດທະເຈົ້າໄດ້ຮັບພອນ

29. **Todos os passados, presentes e futuros Buddhas**: significa que todos aqueles que pretenderem tornarem-se Buddha, deverão eliminar todos os erros, os medos do passado, presente e também do futuro no *Nirvana*.

ພວກເຮົາສັນລະເສີນພຣະພຸດທະເຈົ້າໄດ້ຮັບພອນ

30. **Se abrigam no Prajnaparamita**: significa se abrigar na verdadeira filosofia que leva a iluminação.

ພວກເຮົາສັນລະເສີນພຣະພຸດທະເຈົ້າໄດ້ຮັບພອນ

31. **Realizam a iluminação insuperável e perfeita**: significa que todo aquele budista que manteve intacta as verdadeiras práticas, e as pratica constantemente, estará apto ao *Nirvana*.

ພວກເຮົາສັນລະເສີນພຣະພຸດທະເຈົ້າໄດ້ຮັບພອນ

32. **Portanto, deve-se conhecer o grande mantra Prajnaparamita**: significa aprender as sábias palavras do mantra.

ພວກເຮົາສັບວະເສີນພະພຸດທະເຈົ້າໄດ້ຮັບພອນ

32. O MANTRA DE GRANDE MAGIA: significa o mantra que traz sabedoria.

ພວກເຮົາສັບວະເສີນພະພຸດທະເຈົ້າໄດ້ຮັບພອນ

33. O MANTRA INSUPERÁVEL: significa que nada mais existe além deste mantra.

ພວກເຮົາສັບວະເສີນພະພຸດທະເຈົ້າໄດ້ຮັບພອນ

34. O MANTRA IGUAL E INIGUALÁVEL: significa que nenhum outro pode ser igual a ele.

ພວກເຮົາສັບວະເສີນພະພຸດທະເຈົ້າໄດ້ຮັບພອນ

35. O MANTRA QUE CURA TODOS OS SOFRIMENTOS: significa curar os sofrimentos da matéria e do espírito

ພວກເຮົາສັບວະເສີນພະພຸດທະເຈົ້າໄດ້ຮັບພອນ

36. TUDO O QUE É VERDADEIRO E NÃO FALSO: significa o praticante seguir o verdadeiro caminho da iluminação e desprezar o falso.

ພວກເຮົາສັບວະເສີນພະພຸດທະເຈົ້າໄດ້ຮັບພອນ

37. O MANTRA QUE PRAJNAPARAMITA LÊ É O GRANDE PORTAL DO BODDHISATVA: significa o caminho para a iluminação.

Para um maior entendimento, subscrevo parte do *Livro Tibetano da Morte*, ele se iguala ao *Livro dos Mortos Egípcio*, porém o presente texto infelizmente permanece, por razões religiosas do Tibete, sem divulgação.

Ele diz o seguinte:

"O Bardo Thodöl (nome recebido pela pessoa após a morte), é levado pelos ancestrais para uma imensa praça chamada Saihiroba, onde existem espíritos de todas as etnias, religiões, filosofias, e modos de vida. Durante um tempo o espírito do Bardo Thodöl vai caminhando lentamente em direção a uma luz muito forte, para alguns espíritos, opaca, para outros, envoltas em densa neblina que não conseguem enxergar, mas que sempre estão muito longe e distante dessa luz, e tudo é muito lento, não existe um tempo determinado. Nesse local ouvem-se lamentos, choros, berros e gritos de dor, até blasfêmias pela maldita sorte que tiveram, e isso depende de cada pessoa, mas, chegando ao fim da grande praça, onde está um imenso abismo com as sete camadas dos infernos, também chamada de "Mundo dos Famintos", desse abismo sopra constantemente um vento forte e muito gelado.

A pessoa chega ao abismo e deve saltar para o outro lado, dependendo de seus entendimentos espirituais, filosóficos, e suas obrigações e práticas quando encarnado, mas enfim o Bardo Thodöl chega até à borda do precipício, deve saltar resolutamente e pisar solidamente na outra parte, chamada Nehan, deve saltar mesmo com o vento sendo muito forte e gelado, soprando intensamente, deve conseguir a qualquer custo. Enfim ele salta, e o vento sopra forte, o faz girar muitas vezes, mas ele teve vida exemplar e fervorosa e consegue chegar ao outro lado, e fica feliz. Todos do lado de cá o saúdam, porque quem está próximo tentou muitas vezes e não conseguiu e retornou a grande praça, não caíram no mundo dos infernos porque não tinham esse merecimento, mas também não o tinham para chegar ao outro lado e conseguir transpor o abismo, mas enfim o Bardo Thodöl saltou, rodopiou várias vezes e conseguiu, e deve virar as costas definitivamente para aquele mundo de constantes sofrimentos e angustias provocado pela falta de conhecimento e de coragem para enfrentar a morte, mas relutantemente ele se vai, sabendo até que membros de sua família lá permanecerão aguardando, enfim, ele caminha e chega a uma trifurcação, naquele local já não ouve os gemidos e também não é escuro, úmido ou frio, o Bardo Thodöl deve decidir qual caminho deverá seguir, terá obrigatoriamente de seguir um dos três, porém não tem elevação para o caminho da direita, e muito menos pelo do meio, porque ele desconhecia o *Nobre Caminho Óctuplo*, então ele segue pelo caminho da esquerda.

O caminho da direita conduz ao mundo dos Bodhisattvas, dos espíritos elevados, que serão preparados para o reencarne em missões especiais, para auxiliar as pessoas a encontrarem seu próprio caminho ou iluminação.

O caminho da esquerda conduz ao mundo do aprendizado e dos aprendizes que deverão retornar à Terra para novamente tentar atingir o caminho da direita dos Bodhisattvas. Naquela encarnação ele não conseguiu, porque desconhecia os milagres da magia do *Nobre Caminho Óctuplo*.

Enfim, o caminho do meio, o verdadeiro caminho para o *Nirvana* e a eterna vida iluminada, caminho que o conduz por montanhas verdejantes, bosques exóticos e campos floridos, perfumados e com sons de sistros que reverberam suavemente pela brisa morna do "Paraíso Celestial", para o mundo dos perfeitos, o caminho onde o Louvado o estará aguardando para conduzi-lo à presença de Deus Pai, o Misericordioso Criador de toda vida no universo infindo. E o Bardo Thodöl se transforma num Buddha, o ser perfeito aos olhos do Deus Criador, aquele que nunca mais encarnará num corpo material. Ele conseguiu o que todos os Buddhas conseguiram e se transformou.

Porém, como ele não se libertou totalmente dos karmas, manteve uma vida exemplar, mas não houve evolução suficiente, então o caminho da esquerda o conduzirá inevitavelmente para o reencarne, após ser preparado espiritualmente, onde lhe é mostrada todas as vidas passadas que ele não conseguiu superar, melhorando sua mente, sentimentos e os sentidos materiais que foram transmitidos para a mente e consequentemente para os karmas.

Ele apenas viveu a vida, ou seja, viveu sem entender os motivos de sua vida e de suas encarnações, apenas manteve-se na fé e nos exemplos, mas não desenvolveu a inteligência o suficiente para sua elevação espiritual."

ਓਮ ਮਣੀ ਪਦਮੇ ਹੁਮ

Realizar a prática Profunda de Prajnaparamita – Caramanorajnaparamita

O termo *cara* significa praticar e trilhar o caminho. Nos antigos textos, os discípulos do Louvado se diferenciavam entre aqueles que ainda se encontravam em desenvolvimento das verdadeiras práticas (*shaikshan*) e os que já praticavam a mais tempo (*ashaksha*), que era o mesmo sistema de Buddha, que concebeu um sistema único de práticas (*shiksha*), portanto, o budismo é mais fácil de ser entendido como habilidade ou mesmo arte, e que deve ser praticado para se adquirir conhecimento e o aprendizado para acumular a prática (*ghambira*) que significa "profunda", o mesmo adjetivo é usado em sânscrito para descrever a *Sutra do Diamante, o Lapidador da Sabedoria Suprema*, que diz:

> "Através da mente pode-se entender como cortar um diamante, é como cortar nossas aflições."

Isso, explicou o Louvado numa conversa com seu discípulo Ananda:

> "Se uma boa família quer dar início ao mais elevado e completo despertar da mente, devem estar cientes do caminho de um Boddhisatva e Bodhichitta[8], e a aspiração de trazer para si e à família, a felicidade e a liberdade."

Continuando, o Louvado disse ainda:

> "Haja quantas espécies de seres vivos quantas houver, tenham eles nascido cada um na sua forma própria, tenham ou não percepção, nem conhecimentos, devem ser levados para o Nirvana como os demais, para que possam ser libertados devem fazer as práticas para os seres da natureza. Devem praticar para os seres que possuem formas e seres sem forma, façam votos de trazer todos eles até a infinita sabedoria da libertação, está é a base dos estudos budistas."

> "Prajnaparamita, todos os budistas que praticarem o discernimento como seus ancestrais, jamais reencarnarão, e serão puros em sua essência, esta é a prática da maior e mais elevada perfeição."

---

8. *Bodhichitta:* é a base essencial e absoluta da mente de quem procura a iluminação para a prática do verdadeiro budismo, ou budismo fundamental, não é apenas um tipo de amor incondicional e desinteressado ao próximo, consiste no voto para o praticante atingir a perfeição e elevação espiritual.

> "O Boddhisatva deve deixar o verdadeiro Dharma entrar em sua mente e com certeza a entenderá."
>
> "Refugie-se no 'Eu' superior e elevado de cada um. O Louvado usava a palavra 'Eu', porque já estava liberto dos conceitos impostos pelas pessoas e filosofias, e que jamais devem se apegar da ideia da existência do 'Eu'."
>
> "Se tiverem consciência de que o 'Eu' sempre estará à frente dos elementos, nunca mais serão escravizados ou atemorizados pela noção do 'Eu' ou do 'Não Eu'. Nunca devem dizer que a noção do 'Eu' é prejudicial ou mesmo perigosa, devem dizer que a noção do 'Não Eu', é muito pior."

Esta dissertação do Buddha para com os discípulos sobre a *Sutra Diamante* deve ser levada em consideração como a verdadeira joia do budismo, porque compreendê-la levará as pessoas aos verdadeiros conhecimentos do Louvado, e ao caminho da salvação ou mesmo da iluminação.

Para entender melhor esse conceito seria o mesmo que dizer que o entendimento do "Eu" é formado somente dos elementos do "Não Eu", o Louvado jamais diria: "Você não existe!"

Ele apenas disse:

> "Você não tem um 'Eu'. Sua natureza é o 'Não Eu', e sofrem porque pensam que não existem de um extremo e caí para outro extremo, mas ambos são apenas conceitos e não realidade, apenas tem conceitos pré-elaborados e sofrem por isso."
>
> "A pessoa é diferente da 'não pessoa', mas ela também tem uma noção a ser transcendida, e todos são constituídos da 'não pessoa', muita gente acredita que o

ser humano foi criado por Deus, depois todo o mundo também foi criado, mas conforme a Sutra Diamante nos ensina que o ser humano é constituído de elementos 'não humanos'."

Pode-se dizer que esta prática deve enxergar totalmente a realidade da pessoa de viver consciente, a pessoa poderá ver e enxergar e tocar todas as coisas que estão ao seu alcance, como uma experiência e não como noção totalitária.

Pensar que o ser humano é mais importante do que as demais espécies de animais, é totalmente errado. Buddha ensinou a todos para serem cuidadosos com o meio em que se vive. Ele sabia que se cuidar da natureza, estará cuidando do ser humano.

Para entender melhor, o Louvado disse simplesmente a respeito das existências de todas as coisas:

"Isto é, porque aquilo é. Isto não é, porque aquilo não é."

E Buddha não tentou estabelecer uma teoria de "Ser" que negasse o não "Ser". Muito pelo contrário, ficou bem claro que isto é, porque aquilo é, isto não é, porque aquilo não é.

ੴ ਮਣੀ ਪਦਮੇ ਹੂਮ

O Louvado olhou para os cinco Skandhas
Vyaavalokayatisma pancaSkandhas

Meditação

Os antigos textos sobre a meditação ensinam os praticantes a iniciarem com a atenção voltada para os quatro temas importantes na meditação (*catvari smirtiupashanani*): a mente, a sensação e os conceitos do *Dharma*, que são os elementos construtivos da mente que flui através do (*sarvastivadines*) e que são considerados como matéria e possivelmente uma variante do próprio *Skandhas*, onde se inicia o quarto tema de importância na meditação, a forma de sentir, mas poderá dividir a mente, a percepção e memória da consciência que não é o *Dharma*, é que estes fornecem tudo o que precisa em suas explorações espirituais. Não é apenas o equivalente ao que se pensa que são, mas sim a todo o universo, apenas como se experimenta e que incluem toda a criação, é o Avalokiteshavara.

Quando o Louvado utiliza o termo *Skandhas*, Ele contempla o universo da própria consciência humana que seria sustentada pelos Cinco Pilares da Sabedoria, mas que se alteram apenas na nomenclatura.

É o exemplo para a solução budista, que é o mesmo que autorreflexão, mas a análise budista do mundo exterior não vai além da própria experiência imediata de cada pessoa como resultado da reflexão sobre essa experiência. Os budistas concluem que, cientes do vazio em que se encontram, estão se adaptando a uma posição sobre o vazio da autorreflexão, Avalokiteshavara, que convoca a existência do *Prajna* usado para mover os *Skandhas*.

Devem entender também que a palavra *Skandhas* poderá se referir ao tronco de uma árvore, muito possivelmente foi o tronco de uma figueira ou "Fícus", indicada também como "Banyan" sobre o qual o Louvado deve ter raciocinado quando pronunciou esta palavra, e que é uma das árvores mais incomuns do mundo.

Buddha frequentemente era procurado no refúgio da vasta estrutura das raízes dessas árvores, que se conhece através dos escritos de Vatsyayana Akshapada e que muitas vezes poderá ser observada como uma pessoa. Mas Buddha considerou a experiência pessoal de cinco perspectivas diferentes. Mesmo considerando a experiência do mundo que uma pessoa possui, de cinco maneiras diferentes, ou mesmo de cinco pontos de vista diversos, ele teve que explicar o que quis dizer com o termo que sugere cinco agregados. Ele representa uma forma de análise não muito conhecida, mesmo para os discípulos de outros mestres, e que foi distorcida de forma inadequada, sendo enfatizada em sua estrutura básica, e seu significado escolhido por Vasubhandu, em seu *Abhidharma Koshabhasaya*, que tem sido usado por conhecedores do *Abhidharma* clássico, se referindo exclusivamente ao tronco da árvore "Bodhi". No entanto, quando o Louvado contempla o universo que é de nossa própria consciência, sustentado pelos cinco troncos de cada indivíduo, isto é apenas uma analogia, mas não deve ser interpretado como uma única e simples analogia e nem como uma referência a um corpo real ou um sistema de análise que representa o próprio indivíduo projetado para encontrar seu corpo material ou a si mesmo.

Nessa análise de consciência, o mundo material não é simplesmente o mundo exterior em contraste com o que se assume num mundo interior, e as palavras não se referem a um determinado objeto, mas para o aparecimento da forma do objeto. Seria como uma máscara que não pode ser removida sem revelar sua identidade ilusória.

No sistema de análise de Buddha, o *Skandhas* da forma inclui não só a aparência, mas também os meios pelos quais tais aparições são apreendidas, e a análise é muito objetiva.

A fim de comprovar a existência de um mundo exterior e, portanto, a existência de um mundo interior, um meio pelo qual se pode conhecer a definição da forma budista do mundo exterior, que inclui os poderes do próprio corpo e seus sentidos, são necessários: a língua, o nariz, a orelha, a pele e os olhos, o domínio do som, do gosto, da visão, da audição e dos odores, deve-se incluir o vento, o sol e as árvores que estão fora da janela do ser humano, a janela e tudo o que podem encontrar e dominar com diferentes combinações dos quatro elementos: Terra (solidez), Água (umidade), Sol (calor) e Ar (movimento).

Esta teoria já fazia parte do discurso geral no tempo do Louvado, e sua inclusão foi uma maneira de demonstrar aos materialistas de seu tempo, a configuração essencial de que a forma é uma categoria de concepções com o propósito de dar sentido na mente, mostrando que nem todo caminho é uma realidade separada da mente, mas simplesmente uma plataforma para continuar a análise total.

Nessa teoria existem dez tipos de formas, ou catorze, se incluirmos os quatro elementos como uma subcategoria como se deve dizer. Nas dez formas incluem os cinco sentidos e seus domínios. Vários séculos após a morte de Buddha, algumas escolas Abhidharma, especialmente Sarvastivadines, acrescentaram outra categoria da existência do *Dharma*, de vidas passadas e futuras. No entanto, isso não foi aceito por outras correntes budistas e os *Darshantikas* mantiveram particularidades nesta categoria. As diferenças de opinião em relação a sua validade não são importantes, porque a posição dos *Darshantikas*, e posteriormente de *Sautrantikas*, foi a de excluir todos os *Dharmas*, incluindo o décimo primeiro, que nada mais é do que o fluxo de consciência e forma vazia de uma existência autônoma. Esta postura contrastou a posição dos *Sarvastivadines*, que defendiam que todos os *Dharmas* estão ligados exclusiva e essencialmente a vidas passadas, foi o início dos ensinos da *Sutra do Coração*.

Porém, de qualquer maneira se pensava que estas formas explicariam a experiência do mundo exterior. Assim, o Louvado estabeleceu e deu continuidade à análise do mundo interior e os quatro *Skandhas* adicionais, aparentemente desenvolvidos a partir de uma divisão também chamada de *Nama-Rupa*[9], ou seja, materialidade e mentalidade, por exemplo: mundo exterior enquanto o nome refere-se à *Nama*, os meios pelos quais sabem, e mundo interior de

---

9. Nama-Rupa: é o nome e a forma da materialidade. A união de fenômenos mentais (*Nama*) e fenômenos materiais (*Rupa*) que constituem os cinco agregados (*Skandhas*), e que é um elo crucial na cadeia causal da origem independente (*Paticca-Samuppada*).

uma perspectiva ocidental, o que poderia ser interpretado como uma divisão entre o objetivo e a mente subjetiva.

Em relação à *Nama*, Buddha iniciou sua análise no sentimento da mente subjetiva ou *Vedana*, que significa conhecer ou experimentar algo, e foi usado pelos budistas para se referir à avaliação de como, uma vez definida a existência do caminho, a sensação aparece necessariamente em um estágio intermediário entre *Nama* e *Rupa*, entre a mente interior e a mente exterior, até chamá-lo de intermediário, mas não significa que é separado de qualquer um dos *Skandhas*, simplesmente representam diferentes maneiras de observar a mesma experiência e a mesma sensação, como um processo de evolução. Não é a mesma informação fornecida pelos sentidos, mas sim a avaliação dos sentidos que o Louvado nunca descreveu de outra forma, senão o negativo, positivo e neutro. Não existem muitos detalhes sobre a maioria das ocasiões em que as experiências pessoais são neutras e ignoradas (*Sanjna*), mas certas experiências parecem satisfazer uma necessidade ou apresentar um perigo, e a percepção sensorial também é incluída como uma subcategoria no conceito de *Nama*.

A palavra *Sanjna* é derivada de *San* (juntos), e *Jna* (saber), então *Sanjna*, significa literalmente "Juntar o Saber", ou a "Verdadeira Sabedoria", e se refere à adequada experiência, e as combinações conceituais sem o *Skandhas*. A percepção dos sentimentos pode ser classificada como: percepção positiva, percepção negativa e percepção neutra, e fornece a estrutura que nos permite julgar, objetivar ou subjetivar a experiência, e também meios que permitem as pessoas manipular seus sentimentos, assim todos veem o que veem e o que não veem de modo que o sentimento é dependente não só do *Skandhas* e da forma, mas também do sentimento e do quarto *Skandhas*, que é a origem da contribuição conceitual aparentemente interminável dos elementos de construção.

O quarto *Skandhas*, é o *Sanskara*, é a memória mais profunda, a que substitui a "vontade" propriamente dita, que é *Namasikara*.

Sanskara, palavra derivada de uma combinação de *San* (juntos) e *Kri*, (fazer), se refere às coisas que vieram juntos e influenciam diretamente a forma como se pensa e percebe. No passado este termo foi muitas vezes traduzido como "momentum", ou seja, predisposição ou maquiagem mental, entretanto, cada uma dessas traduções têm certas limitações e distorções, mas que sugerem força de vontade separada, equivalente a um impulso, e implica na ausência ou numa conexão com ações passadas e expressões inventadas pela composição mental, é muito estranho para ser capaz de ser usado para além dos círculos acadêmicos muito limitados, na verdade, este é o repositório de todas as intenções passadas, expressas em palavras, fatos ou pensamentos.

O *Sanskara* engloba todas as formas que se relacionam com as experiências passadas e estão disponíveis para cada pessoa como meio de se relacionar, em que se encontram os significados de *Sanskara*, com o que serviram de tese para a teoria de Monier Williams[10], que diz que a faculdade

---

10 Sir Monier Williams. *A sabedoria indiana e exemplos das religiões, filosóficas e doutrinas éticas dos hindus*. Londres: Oxford (1875).

da impressão mental ou da memória do espírito, nos atos realizados em um estado anterior da existência atual, ou mesmo na imaginação reprodutiva, pode ser uma confirmação mental ou uma criação da mente como o mundo do lado de fora que se torna tão real, embora seja uma verdade inexistente.

O *Sarvastivadines* enumerou cinquenta e dois tipos de padrões de comportamento habitual como: orgulho, vergonha, inteligência, crença, confiança, raiva, indolência, preguiça, arrependimento, dúvidas, etc., algumas até com uma série de condições pré-fabricadas, mas com padrões do passado com o qual percebem os relacionamentos entre dois mundos, o interior e o exterior[11].

E como se sabe disso?

Porque o quinto e último *Skandhas* é a consciência (*Vijnāna*), que significa estar totalmente consciente dos padrões da mente, dividido da mesma forma que *Sanjna* que enfatiza o conhecimento resultante da combinação *Vijnāna*, que resulta do conhecimento da separação entre sujeito e objeto e entre um objeto e outro. Portanto, *Vijnāna* é muitas vezes traduzido como a discriminação em relação ao *Vijnāna* e o *Skandhas*, refere-se à faculdade do espírito geral à capacidade de estar ciente de uma coisa, ou seja: moldar as percepções, sensações, memórias, e a consciência essencial da capacidade de estabelecer a memória que afirma e recapitula um determinado fato ou objeto, mas

---

11. Padrões da mente, ou comportamento habitual, podemos entender como os karmas que as pessoas possuem. Para maior entendimento vide o livro *Conheça seus Karmas* do autor – Editora Isis 2013.

como *Skandhas* é raramente analisado além de sua função discriminativa e é analisado de acordo com a capacidade ou o domínio dos resultados sentidos, trazendo resultados positivos na personalidade.

Se for levado em consideração os cinco pilares que sustentam a consciência humana, torna-se muito claro que a *Sutra do Coração* poderá apresentar uma compreensão complexa e difícil. Mas, para torná-la mais fácil de conseguir por aqueles, cuja compreensão da realidade começa com o mundo material em termos do próprio mundo, como os budistas experimentam com o *Skandhas*, depois de ultrapassar os limites da consciência e a memória dos estados anteriores e que, por sua vez, ultrapassam os limites da própria consciência e das percepções, e se transformam em sensações de um mundo extrapolado, e muito objetivado. E então, basicamente os *Skandhas* representam uma tentativa de esgotar os possíveis caminhos que o ser humano pode seguir na busca de algo permanente, puro e separado do fluxo indiferenciado de experiência.

Há cinco maneiras de ver o mundo e olhar para algo que se pode chamar de olhar objetivo. Segundo Avalokiteshavara quem observa os cinco *Skandhas,* que são os limites da realidade, se quiser encontrar algo real, que é onde se deve encontrá-lo, não importa quantas vezes ou mesmo a intensidade que se busque através dos *Skandhas,* que sempre regressará ao início da forma, muitas vezes comparada com a memória ou a consciência, ou ilusão, lembrando ainda que não são separados do que é real na vida.

Na *Sutra Ágama,* Sakyamuni Buddha pergunta para o discípulo ascético Shrenika Vatsogotra:

– O *Tathagata*[12] é o mesmo que os *Skandhas*?

Shrenika (discípulo) responde:

– Sim, Bhagavan *(o Louvado).*

E novamente Buddha pergunta:

– Então o *Tathagata* está dentro dos *Skandhas*?

E novamente Shrenika responde:

– Não, Bhagavan.

Finalmente Buddha faz questão de saber se o *Tathagata* não é *Skandhas.*

E Shrenika responde:

– Não, Bhagavan. – E perguntou ao Buddha. – E se o *Tathagata* não é, o que é?

E o Louvado responde:

– Ao mesmo tempo fora e dentro, nem é outra coisa o *Skandhas*. Mas ele é tudo que se pensa. O que é real é apenas o nosso corpo físico, que inclui cinco corpos possíveis, cada um é limitado apenas na medida de nossa consciência e nossa vontade e capacidade para encontrar diferenças.

---

12. É o epíteto mais usado pelo Louvado para referir-se a si mesmo. O termo em Pali pode ser dissecado em: Tatha (assim, ou tal) + Gata (ir), ou então de maneira intencional diz também, "Assim Vindo", e refere-se ao estado de iluminação de Buddha, ou seja, aquele que transcendeu a existência do próprio Samsara. "Aquele que atingiu a iluminação."

Os ensinamentos de Madhyamika-Kārikā[13] dizem que: "O nível é a combinação dos cinco *Skandhas*, não é algo fixo, é semelhante à situação: quando a pessoa está num local totalmente escuro, não percebe que existem coisas belas para serem observadas, ou ao menos conseguem sentir a presença de entidades espirituais. Mas, uma vez que se permite a entrada da luz, a escuridão desaparece, tudo se torna claro e aparecem todas as coisas belas e até as entidades espirituais."

O filósofo budista doutor Edward Conze, explica em sua filosofia que:

> *"O primeiro passo para a sabedoria de Buddha é tornar-se Skandhas, e requer conhecimento e habilidade como pré-requisito para a verdadeira prática."*

(Buddhist Wisdon Book - 1985).

---

13. A escola Madhyamika do Budismo, cujos seguidores são chamados Madhyamikas, foi a principal escola do budismo Mahayana na Índia, chamava-se também Yogācāra. Que é uma referência à alegação do budismo em geral, que é o caminho do meio.

ੴ ਮਨੀ ਪਦਮੇ ਹੂਮ

O Louvado olhou para o vazio da existência humana —
tansh savabhava ca shunayan pashyati sma

Profunda Visão do Vazio

Pashyati, que significa "Ver no tempo de Buddha", é quando uma pessoa viu o que outros não podiam ver, e foi chamado *Pashyaka*, que é o mesmo que dizer "A visão é Avalokiteshavara". É como olhar profundamente para a estrutura do universo, mas muito mais profundamente.

De acordo com o budismo, *Mahayana*, a grande ilusão da crença de que não existe o vazio, e que não significa nada, é simplesmente a ausência de distinções errôneas, que dividem uma entidade, um ser de outro ser, um pensamento de outro pensamento, o vazio que não é nada, mas é tudo de uma vez, é assim que Avalokiteshavara vê.

Seguindo esta linha das tradições chinesas de Kumarajiva, Hsuan-Tsang e Yi-Ching, que Buddha havia sido curado de todo sofrimento (*Tu Yi Chi'Ieh K'u-O*), possivelmente percebem esta frase perto do fim da *Sutra*, onde enfatiza que o vazio não é nada, mas o que nos liberta do sofrimento.

O doutor Conze explica que, etimologicamente, *Shúnya* (vazio) envolve a ideia de que algo que se parece muito é na verdade "nada", do lado de fora parece muito e é realmente nada. Se fora que é muito, mas na verdade nada, do lado de fora parece ser muito, mas realmente nada existe por trás de uma atitude vaidosa ou egocêntrica, e como se sabe, geralmente não há "nada" (Buddhist Wisdon Book - 1985).

O monge e filosofo Tsang, descreve que o absoluto e o temporário estão escondidos dentro da personalidade individual, e as duas verdades são permanentemente presente em cada indivíduo, mas o vazio da existência é negado, o que significa que a sua única verdade brilha sempre no verdadeiro vazio, e que nunca deixou de existir, mas através dele se distingue a existência de vazio, porém, não mais vazio, é uma existência que não existe, mas não para sempre.

O pensador chinês Chen-K'o diz que a *Sutra Coração* faz com que as pessoas que não têm conhecimentos profundos do budismo, sejam enganadas e não percebam que o corpo humano é uma combinação temporal dos quatro elementos que o compõe, assim eles verão algo não real, de modo que veem a agonia do corpo e a morte dele, e não têm ideia de que estão contemplando o corpo como os quatro elementos, assim não conseguem encontrar mais nada se o corpo é o mesmo. Também acontece com a mente e os enganos de raciocínio e as sombras, que nada mais são do que uma combinação dos *Skandhas*, mas contemplando a mente como o quarto *Skandhas*, também não pode ser encontrado em alguém que sofre na ilusão dos *karmas*.

Já o monge chinês Hu-Chong, diz: "Se há *Skandhas*, então o sofrimento não está vazio." Mas alguém entende que o *Skandhas* está vazio, independente do sofrimento em que se encontra. Por exemplo: o vento sopra contra a água causando respingos como bolhas, as bolhas não são água, porém representam a água que representa a natureza do próprio Buddha. Lao-Tzu, diz: "A razão dos que sofrem é porque tem um corpo. Se não tivessem um corpo não sofreriam."

ਓਮ ਮਣੀ ਪਦਮੇ ਹੂਮ

Shariputra – *Iha Shariputra*
O Mundo de Buddha

Iha é uma das palavras mais importantes da *Sutra Diamante*, segundo palavras do mestre Zen, Hu-Chong, é o quinto ponto de discussão dos mestres, esse encontro foi realizado em 348 a.C., e foi chamado de "Conselho Para Tecer o Budismo", e foi exatamente a cento e dezessete anos após o Louvado ter ido para o *Nirvana*. Este conselho foi convocado pelo rei Ashoka em *Pataliputra* (*Patna* moderno) e teriam sido discutidos os pontos mais elevados pelo monge Mahadeva. Os quatro primeiros aludiram a *Arhan*, o herói da tradição *Shravaka*.

Muitos queriam saber se o quinto ponto daria a uma pessoa comum, o poder de atingir a iluminação através de uma exclamação ou um som repetitivo, como questões levantadas por Mahadeva. E todos responderam afirmativamente que o grau de *Arhan* (compreensão dos mantras), é possibilidade de esclarecimento aberto, fora dos limites da prática e da vida monástica, e segundo o conselho, cuja maioria era seguidores do budismo *Madhyama* como o início da divisão entre as tradições de Hinayana e Madhyama.

Sem dúvida alguma, Avalokiteshavara mostra o "Grande Caminho do Madhyama". E junto à luz do *Prajnaparamita* observa os *Skandhas* que *Sarvastivadines* consegue verificar a ausência de algo puro e permanente, porém separado e completo, essa percepção ficou conhecida como a autoexistência de *Skandhas*, e Buddha a transmitiu ao discípulo Shariputra.

Ao contrário do que acontece com Avalokiteshavara, com seus poucos documentos de pesquisa, sabe-se que ainda existe muito do discípulo Shariputra.

Na antiga Índia, as crianças recebiam dois nomes de nascimento, uma para cada um dos pais. Então Shariputra também é conhecido pelo nome de "Filho de Tishya" por seu pai, que era um monge aceta brâmane, e "Filho de Shari", por sua mãe, mas ficou conhecido pelo nome de Shariputra.

Shariputra seguia a filosofia brâmane de seu pai, e adquiriu maiores conhecimentos das escrituras bramânicas e habilidades suficientes para discutir questões doutrinais, muitas vezes fez isso com seu amigo de infância, Maugalyayana.

O jovem Shariputra e seu amigo, Maugalyayana, muitas vezes viajavam juntos para Rajgir, capital do reino de Magadha, para participar de festivais importantes, mas, em uma ocasião, concluíram que suas vidas os destinaram a procederem com o desaparecimento dos prazeres, e fizeram o voto de alcançar a libertação desta existência transitória, e após trocar seus ricos trajes por farrapos[14] foram à procura de Sanjaya o líder do grupo dos "sofismas"[15].

---

14. Os trajes dos monges são normalmente marrons ou alaranjados porque eles recolhiam as roupas abandonadas, mesmo pelos doentes, e as enterravam por 30 dias na terra para purificarem, após, cortavam pedaços e costuravam um traje inteiro, no sentido de lhes cobrir a nudez, por esta razão Francisco de Assis, (vide o livro *Os enviados de Deus*, do autor – Editora Isis, 2015), também tem seu traje na cor marrom.
15. Seita indiana que mantém o principal argumento, produzir ilusões e ocultar a verdade. Embora simule uma lógica objetiva, na realidade visa-se enaltecer uma estrutura inconsistente e incorreta e deliberadamente enganosa. Existem muitos templos e segmentos dessa filosofia espalhados pelo mundo, principalmente em todo continente americano, alguns até com nomes ocidentais.

No início foram atraídos por seus argumentos, mas rapidamente adquiriram os ensinamentos que eram impostos, e perceberam que junto ao grupo não tinha mais o que aprender, e foram em busca de outro mestre que pudesse ensiná-los a encerrar o sofrimento das encarnações passadas e até da próxima.

Os amigos percorrem o norte da Índia e visitam muitos mestres. Sem obter sucesso, retornam para Rajgir, decidem separar-se e cada um procurar por si próprio o verdadeiro mestre, mas prometem que o primeiro que encontrar o verdadeiro caminho comunicaria ao outro.

Shariputra decidiu visitar seu antigo mestre Sanjaya, mas no caminho depara-se com Ashvajir praticando a mendicância na cidade. Seu amigo Ashvajir era primo do Louvado e um de seus cinco discípulos. Shariputra ficou impressionado pela aparência de seu semblante pacífico, ele disse ao amigo que Sakyamuni era seu mestre, e que sua doutrina poderia trazer a iluminação e a cessação do sofrimento enquanto ainda estivessem vivos. Essas palavras se tornariam a maior citação na Índia, e os ensinamentos do Louvado fez com que Shariputra chegasse ao quarto grau de realização, também conhecido como "chegar ao rio", o rio da "impermanência".

Shariputra foi à busca de seu amigo Maugalyayana que, ao ouvir os versos, reconheceu um elevado nível de realização, e juntamente a Sanjaya, persuadiu seus discípulos a se converterem à filosofia de Buddha. E os três levaram mais quinhentos discípulos para a nova filosofia da libertação.

Quando Buddha viu os dois homens e seus companheiros, disse a todos que aqueles se tornariam seus principais discípulos, e assim eles foram ordenados. Rapidamente

Maugalyayana alcançou a quarta e última etapa de um *Arhan* e descobriu que ser libertado da paixão é mais um renascimento. Posteriormente, Shariputra também atingiu o estado da libertação.

Assim, durante a vida terrena do Louvado Buddha, Maugalyayana e Shariputra se transformaram nos primeiros discípulos do Louvado em termos de poderes espirituais e sabedoria. Shariputra foi o primeiro nas imagens ou representações e sempre aparece à direita do Buddha e a esquerda Maugalyayana.

Durante o ministério de Buddha, Shariputra foi quem mais pregou a maravilhosa e perfeita teoria do Dharma.

Na primavera do ano de 473 a.C., seis meses antes da entrada de Buddha no *Nirvana*, Shariputra o precedeu.

Em 1851, as relíquias de Shariputra, assim como as do seu amigo Maugalyayana, foram descobertas numa *stupa*[16], em uma escavação chefiada por Alexander Cunningham em Sanchi perto de Bhopal, na Índia central.

No terceiro capítulo de "*The Lotus Sutra*", o Louvado Buddha previu que Shariputra renunciaria ao *Nirvana* e retornaria ao caminho de Boddhisatva, tornando-se o Buddha, Padmaprabha, com isso em mente a *Sutra do Coração* pode ser lida como a primeira providência dele na nova missão.

Chih-Hsu diz: "Se você quiser saber como descer da montanha, deve pedir permissão para alguém. Assim, oferece o exemplo de alguém que examinou sua própria mente com sucesso."

---

16. *Stupa:* monumento construído para abrigar os restos mortais cremados de uma pessoa importante do budismo.

ॐ मणि पद्मे हुम्

Forma é vazio, o vazio é forma
Shúnyaka Rupan Shunyataiva Rupan

A filosofia budista distingue dois tipos de vazio: o vazio da existência e o vazio da inexistência.

Há várias maneiras de abordar estes dois tipos, a primeira é direcionada para os *Sarvastivadines*, que acreditam nas "leis", e aos *Sautrantikas* que acreditam que o *Skandhas* de consciência tinha sua existência própria. Depois de ver que os *Skandhas* são vazios de qualquer tipo de existência, Avalokiteshavara despreza totalmente a interpretação do Hinayana da teoria do vazio, que sustenta a existência de alguns aspectos da "Lei", que persistem ao longo do tempo, e inclina-se em direção ao budismo *madhyama*.

Essa forma não é vazia e foi uma das primeiras frases do Louvado. Porém, em função da forma de Prajnaparamita, não é simplesmente o vazio, mas tudo está completamente vazio, é o próprio vazio, o que acaba por ser o mesmo que a forma, somente definida pela mente, e só existe porque se deve afirmar sua existência. A única coisa que existe, neste caso, é a nossa definição de forma. A mesma forma é vazia de tudo o que pode ser chamado de "existência", todos usam o que se usa para definir a forma, depende de uma determinada coisa, e a natureza essencial da forma depende de outra coisa. Assim, a forma da natureza essencial é o vazio, mas é simplesmente outro nome para a realidade que não é apenas uma parte da realidade, porque a realidade não tem partes, mas isso também não pode ser considerado uma natureza essencial inteira. A realidade é indivisível ou vazia de qualquer coisa da própria existência. Mas se o pensamento e a postura forem um "vácuo", equivale a uma estrutura indivisível de realidade, então o vácuo deve ser equivalente à forma e Avalokiteshavara vai além da compreensão dos primeiros budistas que pensaram que a forma é o vazio, e somente Sharíputra com a frase "o vazio é forma", pode entender a realidade. Avalokiteshavara dá de volta o entendimento de Sharíputra do *Abhidharma*, e diz que a luz da sabedoria é como um perfeito tecido sem costura, não se pode separar em partes. E como experimentam a ausência de qualquer coisa existente por si só, é a verdadeira natureza de toda essa experiência, que somente pode ser para a mente, e também a verdadeira natureza da realidade.

Diante do problema que surge na profundidade da *Sagrada Sutra*, e que põe fim à concepção dualista da realidade quando se reflete sobre a experiência da própria existência, nada mais há do que refletir.

Os seres humanos pensam, e por isso, existem, e novamente estão numa imensa confusão para definir a existência humana, mas essa definição se dará através da análise dos elementos da própria definição de vida e, particularmente, da existência, é o mesmo o que dizer dos cinco *Skandhas*. Avalokiteshavara vê que estão vazios de qualquer realidade permanente, puro e inerente, mas são vazios de algo real, encontram o vazio como um grupo e estão vazios individualmente. Eles são obrigados a dizer que são completamente vazios e que não existem, mas não podem dizer que não existem, porque existem como ilusões e não se pode dizer que não são inexistentes, porque eles são vazios completamente.

Vazio é o termo usado pelo budismo *Mahayana*, e geralmente para eles não significa nada, é um dos dois duplos, negociação ou prevenção estabelecida, é um vazio positivo, e significa indivisibilidade.

Algo que está vazio da existência é inseparável de tudo, incluindo-se todas as separações ilusórias, mas se cada *Skandhas* é um vazio, e este é um com cada *Skandhas*, então se entende que todas as classes estão vazias no mesmo espaço indivisível, e ao mesmo tempo totalmente indivisível, assim mesmo vazio, e a mesma mente indivisível, que também é "vacuidade"[17]. Tudo é vazio, e a forma é o vazio. Avalokiteshavara rejeita todos os pontos de vista que poderiam considerar qualquer um deles como aniquilados, dizendo que o vazio é forma. Nem *Skandhas* existem ou são inexistentes, e procura-se entender que a "forma é o vazio, e o vazio é forma".

A doutora Ching-Chueh da "Buddhist Sangha University – Taiwan", diz que: "A sabedoria perfeita está descrita em vinte e cinco mil linhas 'forma é o vazio, e não deve aniquilar o vazio', de modo que aqueles que a executam, não devem utilizar o vazio para perceber a forma, porque sabem que o caminho não é como a sua essência, nem usar a forma de perceber o vazio sabendo que o vazio não é vazio em seu núcleo. A forma e a mente não são dois *Dharmas* diferentes: a mente não está dentro ou fora, ou em algum lugar, e se estende em todos os lugares, é como o espaço."

---

17. No budismo a definição de "vacuidade" é quando a mente compreende e percebe que ela própria é vazia, e a mente é vazia como um todo.

O monge professor Hui Ching da "Buddhist Philosophy University of Shanghai – China" diz que: "Os seguidores das estradas secundárias utilizam o vazio para eliminar o caminho, sem perceber que o vazio é a própria mente, mas se a mente percebe o vazio, em seguida o vazio torna-se um objeto e uma obstrução. O Boddhisatva deve entender que a natureza é apenas o vazio ou forma, e que cancela o vazio, nem sem forma é o vazio e o vazio depende da compreensão."

A teoria do monge Yin-Shi: diz que: "A maioria das pessoas não entende e acham que o vazio não significa nada e não pode produzir o que não existe e perceber que se os *Dharmas* não foram esvaziados, nunca aparecerá o que sempre existiu, e o que nunca esteve lá para sempre, existe, e o que nunca existia é apenas *Dharmas* que não são, e os que não são, podem aparecer na existência como resultado de causas e condições de nascimento e destruição da existência e da inexistência dos *Dharmas*, e são inteiramente dependentes da falta da própria existência e seu vazio fundamental."

E Nagarjuna ainda disse: "Porque do vazio todas as coisas são possíveis."

O doutor Conze diz: "O que é infinitamente afastado não é apenas perto, mas é infinitamente perto, e nada e nenhum lugar. Isto é a identidade mística dos opostos *Nirvana*, é o mesmo que dizer que o mundo não está sozinho e sim com você, mas você não é nada mais do que isso (*Livro da Sabedoria Budista*)."

A *Sutra do Coração* tem sido taxada como uma síntese do budismo, e até é condensada em poucas linhas. É também conhecida como a *Sutra da Essência da Sabedoria*, mas é, na realidade, o texto mais fundamental do budismo, especialmente para a escola *Mahayana* e parte da literatura *Prajnaparamita*. O mantra contém a mais conhecida e utilizada versão chinesa da *Sagrada Sutra*, e foi profundamente estudada e praticada por sua profundidade pelo Zen Budismo e o Budismo Tibetano.

Escrita em sânscrito, e datada por volta de 350 a.C., por um monge chinês, o qual não lhe foi atribuída autoria, diz que:

> *"É um dos poucos escritos não atribuídos ao Louvado Buddha, e seu ensinamento vai além dos conceitos de sua categoria e é considerado como o mais essencial mantra para o acesso a mais pura essência do budismo e dos verdadeiros ensinamentos 'Zen', o Bodhidarma."*
>
> Yìn ina yìn Buddha

私たちは、知恵の仏を称賛します

CAPÍTULO V

O Budismo no Século XXI

Apesar da filosofia do príncipe Siddhartha Gauthama, o Louvado Buddha, existir e estar presente no mundo há 25 séculos, ela é renovada constantemente por meio de profundos estudos, por filósofos, monges e lamas estudiosos da filosofia, e principalmente por sua pureza e por ser o caminho mais curto para a elevação espiritual, mas podemos entender ou até chamar essa "elevação" de "Iluminação", por meio dos mantras, ou mesmo da "salvação", através de orações do mestre Jesus Nazareno.

Podem mudar os termos, mas com certeza o caminho sempre será o mesmo, com o mesmo objetivo, que é retornar à casa do Pai Eterno. E pode ser no *Nirvana*, Paraíso ou Éden, o lugar é o mesmo para quem atingiu a compreensão da iluminação e da salvação.

O significado também é o mesmo. Acredito que se a humanidade não transformar as atividades, de simples práticas religiosas extremamente regradas ou mesmo fechadas nos meios acadêmicos do budismo, catolicismo, ou qualquer outro segmento filosófico, não haverá salvação para o mundo do futuro, se as academias religiosas continuarem com essa atividade num sentido comum, o caminho será lento e até muito mais demorado, podendo até não acontecer.

Nota-se principalmente que a humanidade caminha a passos largos para seu aniquilamento e a destruição total da civilização. Se a humanidade continuar nas práticas religiosas erradas, e delimitar seu desenvolvimento mental através do fanatismo, ninguém terá tempo hábil para alterar tal condição.

Somente o budismo de Buddha, é que poderá salvar a civilização e até o Planeta.

O Louvado não conseguiu converter toda a população da Índia, o que não significou falta de capacidade Dele, isso aconteceu devido aos *karmas* que o povo daquela época possuía.

Deve ser transmitido para o mundo o verdadeiro *Dharma*, sem alterações no seu sentido mais místico e puro, mas se a humanidade persistir no erro da civilização puramente ocidental, não poderá haver salvação, e a civilização de milhares de anos em todo Planeta será destruída. Mas se alguém tentar pregar a ideologia de Sakyamuni nos dias atuais, a humanidade nem tentará ou mesmo conseguirá compreender.

Os monges filósofos e pensadores budistas, Kōbō-Daishi Kukai e Nichiren Daishōnin, praticavam o budismo exclusivamente como atividades religiosas, sendo que no mundo atual o budismo deve ser difundido de forma totalmente ampla, mas com uma lógica de pensamento científico, deixando de lado seu aspecto místico.

De nada adiantará se uma pessoa alcançar a iluminação através do corte kármico, e a família for próspera e feliz, se a humanidade for destruída. Se não houver estabilidade individual, não poderá haver felicidade, porque a estabilidade individual depende da estabilidade da sociedade como um todo.

Para se alcançar a própria felicidade, todos devem se esforçar ao máximo para estabilizar a civilização atual no mundo, e torná-lo melhor. Tentar essa proeza, sem ajuda, certamente nada se conseguirá, toda a humanidade deve dirigir seus apelos e pensamentos a toda humanidade, devendo inclusive tornar-se solidários.

O Método de Libertar a Mente

As *Sutras* são os verdadeiros ensinamentos de Buddha, nelas Ele realçou a importância da prática espiritual somente através da prática objetiva e que, acima de tudo, os seguidores devem acreditar nas palavras e promessas do Louvado e nos treinamentos exigidos pelos mestres.

O maior objetivo das religiões seria o de elevar a natureza humana e realçar a espiritualidade existente dentro de cada um, objetivando a maior elevação espiritual, ou seja, alcançar a transformação espiritual. Para isso é obrigatório o cultivo da disciplina espiritual aliada a material, e também a mental, já que elas não se apartam.

É extremamente importante possuir o método da prática espiritual com o objetivo de se elevar espiritualmente e obter a própria salvação espiritual.

O "Treinamento da Liberação da Mente" auxilia as pessoas a se libertarem dos *karmas mentais*.

Todos possuem o *karma do corpo*, o *karma do destino* e o *karma da mente*.

Todas as doenças são expressão do *karma do corpo*.

O *karma do destino* pode ser descrito nas uniões problemáticas e fracassos consecutivos na vida.

E o *karma da mente* está diretamente ligado ao *karma do corpo* e ao *karma do destino*, e ainda da personalidade compulsiva de cada pessoa.

Deve-se refletir em si mesmo, com certeza descobrirão traços psicológicos que não são encontrados em outras pessoas, mesmo da família e até nos gêmeos univitelinos.

O *karma do espírito* está ligado diretamente ao *karma da mente* e consequentemente ao do *corpo* e do *destino*, eles estão intimamente ligados. Por essa razão, aqueles que desejam se libertar do *karma do corpo* (doenças), inicialmente devem se libertar do *karma da mente*. Da mesma forma, para se libertar do *karma do destino*, devem se libertar do *karma da mente*. Porém, para se libertar do *karma* do câncer, por exemplo, não é tão fácil, porque as pessoas sempre serão vencidas pelo próprio *karma*.

Então se deve iniciar a superação do *karma mental*, que é o início da libertação da mente, consequentemente, do *karma do destino* e de *corpo*, porque quando se elevam espiritualmente, todos os *karmas* são eliminados da personalidade compulsiva da pessoa.

Deve-se ter em mente que é necessário praticar constantemente o treinamento espiritual básico de "libertação da mente".

Lembrando ainda que todas as pessoas possuem vinte e um *karmas mentais*. Alguns deles são:
- Ira
- Inveja
- Ressentimento
- Cobiça
- Nocividade
- Preocupação exagerada e inverídica
- Imprudência
- Preguiça
- Perda de domínio pessoal (Instabilidade psicológica)
- Decepção
- Irreflexão
- Melancolia
- Lisonja
- Dissimulação
- Arrogância
- Desconfiança
- Egocentrismo
- Indisciplina
- Impudor
- Falta de compreensão correta das coisas/pensamentos

As pessoas são propensas a ter cinco ou seis *karmas* desse tipo, mas a grande maioria possui três *karmas*, e são esses *karmas mentais* que dão origem aos *karmas de destino* e *de corpo*.

Mas para eliminar os *karmas mentais*, devem-se cultivar os dez estados ideais da mente:
- Fé
- Humildade
- Inocividade
- Ausência de desejos
- Perfeita reflexão
- Total equanimidade
- Ausência de ira
- Atenção direcionada
- Boa disposição de espírito
- E principalmente diligência para todas as coisas

Como cultivar os 10 estados ideais da mente

- **Fé:** ser puro de mente e fé, manter excelente conduta moral e mental.
- **Humildade:** ter total consciência de que o praticante é e deve ser.
- **Inocividade:** não ser violento e desenvolver a compaixão.
- **Ausência de desejos:** manter-se ausente de cobiça.
- **Reflexão:** conhecer-se profundamente e adquirir humildade.
- **Equanimidade:** manter-se desinteressado e equilibrado.
- **Ausência de ira:** ser paciente e receptivo.
- **Atenção:** estudar e evoluir sempre e praticar a disciplina espiritual.

- **Boa disposição de espírito:** manter o espírito aberto e agradável.
- **Diligência:** esmero nas práticas e no tratar as pessoas.

Devem-se controlar totalmente as tendências psicológicas do dia a dia e se libertar a si mesmo das tendências negativas da personalidade compulsiva, assim estará se libertando do *karma do corpo*, da *mente* e do *destino*.

Sakyamuni Buddha dizia que eliminar os *karmas* e tornar-se budista, era independente de sexo, e que todos deveriam igualmente praticar os oito treinamentos básicos espirituais. Que poderão ser entendidos como os oito mandamentos básicos para os iniciantes no budismo.

Utilizaremos a nomenclatura do budismo fundamental ou esotérico japonês:

- **SHIN** – O Coração: significa adquirir fé.
- **KAI** – O Tempo: observar e cumprir atentamente as regras filosóficas, ou mesmo libertar-se das tendências contraproducentes do *karma* negativo. Deve-se ainda se aprofundar na fé própria, observar as regras religiosas e desenvolver a generosidade, manter os ensinamentos no mais puro aprendizado e mantê-lo também presente na mente e na vida diária. A compreensão dos ensinamentos também é essencial para a interpretação, procedendo à aproximação da essência do *Dharma*.
- **HOJI** – Retenção da Mente: seguir com diligência o *Dharma*.
- **HOKO** – A Arma Interior: enriquecer o *Dharma* e segui-lo sempre, deve-se realizá-lo diligentemente.
- **KAN** – O Sentimento: observar os ensinamentos e mantê-los na originalidade.

- **Se** – Distribuir: distribuir a generosidade.
- **Mon** – A Entrada: escutar atentamente os ensinamentos de Sakyamuni.
- **Ji** – Quando: momento em que se deve reter os ensinamentos no mais profundo da mente e colocá-los em prática.

Leva-se em consideração que o aspecto mais importante do treinamento deve ser visado para a libertação dos aspectos psicológicos negativos e, consequentemente, o *karma mental*.

Dentro desses *karmas mentais* existem vinte tipos de *karmas* da mediocridade mental, que são:

- *Ira*: sentimento de raiva, conflitos de sentimentos, que nada mais é que o processo mental que faz a pessoa entrar em contenda com as demais pessoas e consigo mesmo.
- *Rancor*: sentimento de inimizades da união. Prevalece a ira, a mágoa, a pessoa fica rememorando fatos passados e alimentando sentimentos ruins.
- *Adulação*: sentimento de excesso de lisonjas a fim de alcançar favor e ludibriar pessoas.
- *Inveja*: sentimento de quem não aprecia a felicidade ou o sucesso dos outros, sente inveja, ganância, rancor, até com os membros da própria família.
- *Torturar-se*: sentimento de quem mantém a raiva e a ira por longo tempo dentro de si, gerando mais ódio, inveja e angústia. A pessoa não consegue sair desse estado mental, não aceita conselhos nem advertências nem da própria família.

- *Falta de responsabilidades*: sentimento de quem engana as pessoas, ocultando suas falhas, e sempre culpa alguém por seu próprio fracasso.
- *Mesquinhez*: sentimento de avareza, ganância desmesurada, a pessoa prejudica os próprios familiares.
- *Enganação*: sentimento de enganar, induzir pessoas a cometer erros, gerar situações dissimuladas.
- *Arrogância*: sentimento de pessoas convencidas, arrogantes, que promovem a autossatisfação.
- *Provoca prejuízos*: sentimento psicomental de sentir prazer quando provoca danos a alguém, pode ocorrer até com pessoas da própria família.
- *Impertinente*: sentimento daquele que fala ou age de maneira desrespeitosa, utiliza palavras ofensivas, é injusto, teimoso e insolente.
- *Desavergonhado*: sentimento de pessoas que não possuem vergonha em relação a outrem.
- *Leviandade*: sentimento de quem não tem tranquilidade ou mesmo satisfação em nenhum segmento da vida, normalmente são pessoas precipitadas.
- *Melancolia*: sentimentos de quem possui muito abatimento, depressão, pessoa apática e depressiva.
- *Incredulidade*: sentimento de pessoas que não possuem fé ou credo, não existe pureza de espírito, faz considerações maliciosas, não procura entender para acreditar.
- *Indolência*: sentimento de pessoas com excesso de preguiça, não se esforça para nada, não consegue criar vontade para realizar alguma coisa para si e para os outros.

- *Egoísta*: sentimento de pessoa desregrada, relaxada, despreocupada, não possui responsabilidade e comporta-se arbitrariamente, é desatenciosa, precipitada e muito distraída.
- *Esquecimento*: sentimento de quem perde o autocontrole, muito presente nos dependentes de álcool, tabacos ou drogas, pessoa que fica dispersa.
- *Consciência imperfeita*: sentimento de um dos três tipos de função mental: afeto, cognição e volição. Afeto é quando a pessoa se fanatiza por um segmento religioso, filosófico ou de sentimentos pessoais; cognição, procurar adquirir conhecimentos inúteis e volição, vontade imperfeita por algo sem resultado.
- *Dispersão*: sentimento de pessoa indecisa, indefinida ou mesmo conturbada.

CAPÍTULO VI

Os ensinamentos orginais de Buddha

No decorrer da história de todas as religiões ou filosofias, os originais escritos por discípulos ou mesmo por Eles próprios, foram diligentemente distorcidos, onde cada mestre colocou suas experiências e pensamentos pessoais, ocorrendo uma degeneração filosófica de algo que deveria manter-se puro.

Não estão totalmente errados, mas infelizmente poucos originais de filosofias religiosas e filosóficas se mantiveram inalterados.

As verdadeiras entidades budistas mantêm praticamente inalteradas as *Sutras*, que são os verdadeiros ensinamentos extraídos diretamente das palavras de Buddha, também conhecida como *Sutras Ágama*, essas *Sutras* são conhecidas como os únicos e verdadeiros registros dos dogmas que o Louvado legou para toda humanidade.

Budismo Theravāda
Budismo Original

Todos os segmentos budistas possuem o mesmo dogma: "Salvação da Pessoa das Encarnações", ou seja, para que todos sejam felizes no *Nirvana*. Mas existem caminhos diferentes que podem ser percorridos, alguns mais fáceis, outros mais difíceis em relação aos demais, porém acredito que o segmento *Theravāda*, seja, talvez, o mais completo, rápido e objetivo, mas não fácil, por essa razão o descrevo minuciosamente.

Theravāda em Pali Straviravāda, significa literalmente "Os Ensinamentos dos Sábios", ou a "Doutrina dos Anciões", é a mais antiga filosofia e escola budista, e a mais conservadora, e que mais se aproxima do budismo fundado pelo Louvado. Tem suas bases centradas na *Vibrajjavāda*, a doutrina da autoanálise, e manteve a doutrina semelhante ao antigo *Sthaviras*, mas não eram totalmente idênticas.

O Terceiro Concílio Budista promovido pelo imperador Asoka, levou os *Vibhajjavādins* gradualmente a evoluírem em quatro grupos distintos: Mahisasaka, Kasyapiya, Dharmagugptaka e Tamraparniya, e o conceito *Theravāda* é originário deste último grupo budista, porém algumas facções afirmam que o budismo *Theravāda* evoluiu diretamente do budismo *Vibhajjavādins*.

A tradição *Theravāda* sempre foi a de maior reputação do conservacionismo da doutrina de sua escola budista, sediada na cidade de Nikaya, também foi seguida inicialmente pelos praticantes do segmento (Mahayana *Theravāda* ou Mahayana Straviravāda), e seus orientadores forçaram rigidamente a ortodoxia e asseguraram que o budismo *Theravāda* mantivesse o tradicionalismo da escola inicial.

A Tradição

A principal tradição budista foi iniciada pelo monge Mahinda, que poderia ter sido filho do imperador Asoka. Mahinda construiu os mosteiros Mahavihara e Anuradhapura, que se dividiu em três subgrupos, o Mahavihara, que se manteve, o Vihara Abhayagiri e o Jetavanavihara. Mas no século XVI, todos os grupos chamados de *Bhikkhus*, fundaram a escola *Mahavihara* ortodoxa.

A tradição do budismo *Theravāda*, promove literalmente o conceito *Vibrajjavāda*, ou seja, "Ensino de Análise".

A doutrina prega que a percepção deve vir da experiência do aspirante monge, da investigação crítica e principalmente do raciocínio, em vez de uma fé faccionista partidária, no entanto, as escrituras da tradição *Theravāda* também enfatizam a necessária atenção aos conselheiros e sábios, considerando esses conselhos e a avalição das próprias experiências por serem os testes pelos quais as práticas devem ser julgadas.

Nesse conceito, a causa da existência humana e do sofrimento (*duhkha*) é identificada como o desejo insano ou uma ânsia desmedida de alcançar determinada situação (*tanha*), que traz as impurezas (*kilesas*). Essas impurezas, é que provocam nos seres humanos a necessidade do renascimento. Também são classificados os dez "Grilhões", enquanto que as impurezas que impedem a concentração (*samadhi*) são apresentadas em um conjunto de "Cinco Obstáculos", que também são chamados de "contaminação", surgem frequentemente através do ambiente que a pessoa vive e são extremamente prejudiciais a si mesmo e aos demais. Essas impurezas são a força necessária para que as pessoas se transformem em desumanas e são levadas ao extremo.

Essas contaminações se apresentam através de hábitos de onde nascem a "ignorância" (*avijja*) e que aflige os seres obscurecidos que se agarra a elas e suas influências em sua ignorância de não procurar a verdade. Mas, na realidade, essas impurezas mentais nada mais são do que manchas que atingem a mente, criando sofrimento e estresse. Os seres obscurecidos cobiçam o corpo, sob a suposição de que ele representa o "Eu", ao passo que, na realidade, o corpo é um fenômeno impermanente formado a partir dos quatro elementos básicos. Muitas vezes caracteriza-se por Terra, Água, Fogo e Ar nos antigos textos budistas, e representam as qualidades sensoriais da solidez, fluidez, temperatura e mobilidade.

Essas impurezas mentais frequentemente são instigadas e manipuladas pela mente, e pode-se acreditar que a mente poderá ser a única realidade para um comportamento inabilidoso, que poderá fortalecer as impurezas da própria mente existente. Para isso, existe o *Nobre Caminho Óctuplo*, que poderá enfraquecer ou eliminar essa compulsão completamente.

Acredita-se também que os seres que ainda não atingiram a iluminação, vivem o mundo através dos seis sentidos da imperfeição (olho, ouvido, nariz, língua, sentido, tato e mente) e usam a mente, obscurecida por impurezas, para formar a própria interpretação, percepção e a conclusão errônea de si mesmo. Nessa condição a percepção conclusiva será sempre baseada na própria ilusão da mente, mas quando se pratica a profunda concentração (*Jhana*), os sentidos físicos desaparecerão, os efeitos mentais serão desprezados e a mente saudável desperta e fortalecida, onde o praticante poderá investigar a verdadeira realidade de sua própria natureza.

Os praticantes do budismo *Theravāda* acreditam que a mente humana adquire três níveis de contaminações. Passividade é quando a mente fica adormecida, provocando tendências latentes (*anusaya*), mas pelo estímulo sensorial poderão se manifestar (*pariyutthana*) no nível superficial da consciência através de emoções e escolhas, porém, adquire-se força adicional, e a contaminação da mente atingirá a fase perigosa da transgressão (vitikkama), que irá envolver ações agressivas com o corpo e a fala.

A fim de se livrar do sofrimento, os praticantes *Theravāda* acreditam que as contaminações precisam ser totalmente suprimidas. Inicialmente elas são retidas por meio da vigilância plena dos sentidos e pensamentos para impedi-las de assumirem o controle sobre a ação mental e corporal. Em seguida são eliminadas através da investigação interna, análise, experiência e compreensão da verdadeira natureza, usando *Jhana*. Este processo deve ser repetido para cada impureza. A prática irá conduzir o praticante a perceber as Quatro Nobres Verdades. O merecimento da iluminação é o próprio Nirvana que é o objetivo final e é tido como um estado de perfeita e eterna felicidade, onde a pessoa é liberada definitivamente do renascimento repetitivo, da doença, da velhice e do sofrimento maior, a morte.

Acreditam também, que cada pessoa é responsável por sua libertação, porque são responsáveis pelas ações próprias e as consequências (*karma*). Apenas aprender ou acreditar na verdadeira realidade não é suficiente, o despertar somente poderá ser alcançado através de experiências diretas e da realização pessoal. A pessoa deverá seguir e praticar o *Nobre Caminho Óctuplo*, ensinado diretamente pelo Louvado, e descobrir a verdadeira experiência direta da libertação.

Ainda entre os praticantes *Theravāda*, os Buddhas menores, deuses ou divindades, não conseguem fornecer ao ser humano o necessário despertar para se eliminar o ciclo de nascimento, doença, envelhecimento e morte, *Samsara*, acredita-se que o Louvado seja apenas um mestre que ensina o *Nobre Caminho Óctuplo*, enquanto os demais ainda estão sujeitos à raiva, inveja, ódio, vingança, desejo, cobiça, ignorância, traição e morte.

Acreditam também, que se a pessoa praticar o *Nobre Caminho Óctuplo* com seriedade e diligência, poderá atingir o *Nirvana* em uma única vida, assim como muitos discípulos de Buddha conseguiram. Para a maioria das pessoas esse processo poderá exigir muitas vidas, porém aquele que alcançou o *Nirvana* será chamado de *Arahants*.

O Louvado possuía o conhecimento para se alcançar a iluminação definitivamente, e sabia como orientar as pessoas através de seu próprio processo. Os *Theravādas* acreditam que os discípulos de Buddha que seguirem os ensinamentos, alcançarão a iluminação rapidamente.

Conforme está descrito na *Sagrada Sutra*, o *Nirvana*, alcançado pelos *Arahants* é o mesmo que conseguiu o próprio Louvado, mesmo porque existe apenas um único *Nirvana*.

O Louvado foi superior aos *Arahants* porque tinha descoberto o verdadeiro caminho sozinho, e o transmitiu a todos, por isso é que O reverenciam como uma pessoa extremamente talentosa, mas reconhece-se, no passado distante e futuro, a existência de outros Buddhas como o Maitreya, que é mencionado brevemente no Cânone Pali como um Buddha que virá no futuro distante.

Tradicionalmente, os *Theravādas* têm plena convicção, ou mesmo fé, nos ensinamentos de Sakyamuni Buddha e na prática perfeita, na esperança de serem merecedores da iluminação e atingir o *Nirvana* e caminhar praticando o *jhana*, que faz parte do *Nobre Caminho Óctuplo* para a longa caminhada da própria iluminação.

Fundamentos da Filosofia Theravāda

A filosofia *Theravāda* é um contínuo processo de análise pessoal da vida, não apenas um conjunto de ética com seu complexo ritual. Sua principal base filosófica e teórica são as já descritas *Quatro Nobres Verdades*, que é também conhecida como as *Quatro Verdades Sublimes*. Em sua forma mais simples, podemos descrevê-las como os problemas, a causa, a solução e o caminho que conduzirá a solução.

Encontramos a definição exata das *Quatro Nobres Verdades* na *Sagrada Sutra* levando em consideração o budismo *Theravāda*, que não difere das definições que descrevi nos capítulos anteriores, apenas reescrevo por ser de suma importância a memorização de todos os que lerem estas singelas páginas, da importância de se ter em mente, diariamente, os caminhos para a cessação da *Roda das Encarnações*, para ser salvo ou mesmo atingir a iluminação.

Shankara Dukha — *O sofrimento pelos apegos errados*

A primeira classe do sofrimento é todo sentimento de alguém que sente apegos errôneos (paixão, ódio, vingança), englobados neste termo.

A segunda classe de sofrimento é devido a mudanças, indica a união a um determinado estado que é momentâneo e que se considera "bom", e quando existe uma interrupção dessa situação, então tudo será submetido ao extremo sofrimento.

A terceira classe de sofrimento é a mais sutil, porque as pessoas sofrem simplesmente por não conseguirem perceber que esses sentimentos estão agregados sem uma identidade definida, e não conseguem alterá-los.

Duhkha samudaya — A causa do sofrimento

O desejo produz o apego e é a principal causa do sofrimento (*Tan-ha*), que mantém três impulsos instintivos negativos: *Kama Tan-ha,* que é o desejo por sensações agradáveis e envolve visão, audição, tato, paladar, olfato e percepções mentais. *Bhava Tan-ha,* que é o desejo de ligações contínuas (dependências físicas ou psíquicas), e que poderá surgir de formas diferentes, inclui-se o desejo da existência. E *Vibhava Tan-ha,* que é o desejo de aversão a um processo, que inclui a não existência e provoca a vontade de autoaniquilação (suicídio, drogas, tabagismo, alcoolismo).

Dukha Birodha — A cessação do sofrimento

Não existe uma forma para se mudar o mundo, ou mesmo para eliminar o sofrimento, e muito menos o sentimento de esperança de que essa mudança seja impossível.

Mesmo porque, existe no budismo a teoria da "Impermanência", ajustando a mente através do desapego, mas que jamais interfira na paz e no equilíbrio da própria pessoa.

A *Terceira Nobre Verdade* implica que a eliminação da causa (desejo), eliminará o resultado (sofrimento). Na *Sutra Ágama* estão bem claras as palavras do Louvado: "Seja qual for o resultado de uma causa, deve ser eliminado através da cessação da causa."

Duhkha Nirodhah Gamini Patipada — O caminho para a libertação do sofrimento

Sem dúvida alguma, esta é a menção do *Nobre Caminho Óctuplo* para a salvação ou iluminação, e isso poderá significar a visão correta para todas as coisas, modo de vida correto, ações corretas, esforço correto, atenção correta e a concentração correta.

Estas são as três principais características de todos os comportamentos mentais condicionados nos conceitos do pensamento *Theravāda*.

Annicca — *Impermanência*

Explica que todos os pensamentos e situações condicionadas estão sujeitas a alterações, incluindo todas as características da pessoa: físicas, comportamentais, qualidades e qualificações. Explica ainda que, para que algo seja permanente, obrigatoriamente deverá ter uma causa imutável, vez que todas as causas estão ligadas entre si, então é impossível existir algo que seja imutável ou mesmo definitivo.

Dukha — *Sofrimento*

Os desejos incontidos provocam sofrimento, porque tudo que se deseja é transitório no mundo material, que está sempre mudando e perecendo. O desejo exagerado por coisas e situações impermanente, causam a decepção e a tristeza em forma de frustrações, as pessoas possuem uma tendência para classificar todas as coisas ou situações para que sejam sentimentos e efeitos: bons, satisfatórios, confortáveis, em oposição ao mal, insatisfatório e desconfortável, porque classificando as coisas de gostar ou não, cria-se o sofrimento para si mesmo. Quando se consegue evitar a tendência de classificar situações e consegue libertar seus instintos em relação a outras pessoas, poderá mais facilmente libertar-se. Deve-se ainda estar muito atento a todas as coisas que todos possuem, mesmo porque tudo está dentro do ser humano e jamais estará fora.

Anatha — *O não eu*

Este conceito pode ser explicado como situação imutável, pois não existe permanência, essência do "Eu" (conteúdo emocional e psicológico), que todo ser vivo mantém agregado em sua personalidade compulsiva, os *Skandhas*, o *Rupa*, que são formas físicas, *Vedana* os sentimentos ou sensações, *Sanna* a percepção, *Shankara* as formações mentais e *Vijnāna* a consciência pura e genuína, e que não devem e nem podem ser identificados como o "Eu" próprio. A partir da concepção, todos os seres viventes estarão sujeitos a uma mudança contínua, e o praticante *Theravāda* deve desenvolver e aperfeiçoar a mente para que possa verificar e se conscientizar com este processo. Deve também levar em consideração que o caminho do *Nirvana* sempre será indicado numa forma sintética: *Sila*, a disciplina, *Samadhi* treinar a mente, e *Paññā* adquirir sabedoria.

Práticas da Meditação budista Theravāda

Meditação na linguagem original Pali é *Bhavaya*, e significa esforçar positivamente a mente. São classificados, sobretudo, em *Samatha* e *Vipassana*, e é utilizada principalmente para a pessoa atingir o *Jhana Samatha*, isso significa tornar-se habilidoso, mas também possui outros fins como o de acalmar, visualizar, realizar-se.

Vipassana tem o sentido da "visão" ou o "entendimento total do abstrato", a meditação *Samatha* provoca na pessoa uma superior habilidade de concentrar-se profundamente, a partir do momento em que a pessoa consegue se manter suficientemente concentrada, a *Vipassana* permite ver-se através da própria ignorância.

O Louvado sempre instruiu seus discípulos na prática do *Samadhi* (concentração), para que desenvolvessem o *Jhana* (concentração profunda ou total), que foi o instrumento utilizado por Ele próprio e ensinou como o discípulo poderia aprender mentalmente a penetrar na natureza dos fenômenos mentais (treinamento investigativo da experiência direta), e alcançar a iluminação.

A concentração correta *Samma-Samadhi* foi muito bem descrita nos ensinamentos do *Nobre Caminho Óctuplo*, e o *Samadhi* deve ser desenvolvido iniciando-se a total atenção na própria respiração, *anapana-sati*, a partir de objetos visuais *kasina* e da repetição correta dos mantras. A lista tradicionalmente elaborada possui 40 formas de meditação *kammarliāna* que devem ser utilizada durante a meditação *Samatha*. Cada forma tem como principal objetivo sua própria especificação (utilidade ou objetivo específico). Podemos citar a título de exemplo o próprio corpo, a meditação sobre as funções corporais *kayanupassana ou kayagathasathi*, resultará em uma diminuição do apego ao próprio corpo, como resultado ocorrerá uma redução dos desejos sensuais[18], *Mettā* (bondade amorosa) que gera o sentimento de boa vontade e alegria para todos os seres; a prática de *Mettā* serve como um antídoto contra a má vontade, fúria, desejo, inconstância, indiferença e medo.

---

18. O budismo não desaprova qualquer opção ou necessidade sexual, o que realmente é condenável é a promiscuidade sexual, pelo motivo de causar dependência física e psíquica provocando maior sofrimento para a própria pessoa.

Estágios da Iluminação

Através da prática *Theravāda* correta, todos podem alcançar *Os Quatro Níveis de Iluminação*:

1. Aquele que entrou no nível de desempenho satisfatório *Sotapanna* – aqueles que destruíram os três primeiros grilhões do sofrimento: a falsa visão do "Eu", a dúvida e o apego a ritos e rituais, estarão salvos a quedas de situações estáveis da vida encarnada e espiritual, mas poderão renascer novamente mais sete vezes, antes de atingirem o *Nirvana*.

2. Aqueles que retornaram *Sakadagami* – aqueles que destruírem os três primeiros grilhões e diminuírem os grilhões da luxúria e do ódio, atingirão o *Nirvana* após renascer somente mais uma vez no mundo.

3. Os não retornantes *Anagami* – são aqueles que destruíram os cinco grilhões inferiores, que obriga a todos a permanecerem ligados ao mundo dos sentidos. Os não retornantes jamais retornarão ao mundo dos encarnados e, após a morte, deverão renascer no mundo celestial e elevado e alcançarão o *Nirvana*.

4. Aqueles que alcançaram a iluminação *Bodhi* – atingiram o nível da imortalidade, estão livres da impureza mental, da ignorância, do desejo e apegos errôneos, atingiram o estado elevado de *Arahant*. É a principal meta de todos os budistas.

As Escrituras

A escola *Theravāda* mantém o "Cânone Pali", ou *Tipitaka*[19], como os verdadeiros textos da autoridade dos ensinamentos do Iluminado Gautama. O *Sutta* e o *Vijaya* são componentes do *Tipitaka*, mostram o conteúdo sobre a *Sutra Āgama*, os ensinamentos paralelos utilizados pelas escolas (não *Theravāda*) na Índia, e que foram transcritas para o chinês, estão parcialmente em sânscrito, prácrito e tibetano.

Estes conjuntos de textos geralmente são os mais antigos e de maior autoridade sobre a doutrina filosófica budista, utilizadas por estudiosos e pesquisadores. Mas a grande parte dos escritos do "Cânone Pali", utilizados pelos adeptos do budismo *Theravāda*, foi transmitida aos monges do Sri Lanka durante o reinado do imperador Asoka. E foi transmitido oralmente (como era hábito naqueles tempos). Os monges foram autorizados a escrever no primeiro século a.C. o que foi descrito como o *Quarto Concílio Theravāda*, proclamado no Sri Lanka. A filosofia *Theravāda* foi a primeira escola budista e mantém o conjunto completo do principal e original Cânone budista *Theravāda*.

Porém, a grande parte do "Cânone Pali" não pertence especificamente aos escritos *Theravāda*, mas é uma grande parte da escola fundamental preservada pelos primeiros ensinamentos do Iluminado, e "não" pertencia aos partidários mais apaixonados e extremistas da nova doutrina, conforme

---

19. *Tipitaka:* em Pali, é conhecido como o "Cânone Pali", é a principal coletânea dos textos sagrados que constituem a doutrina do budismo Theravāda.

explica o doutor Peter Harvey, repórter britânico falecido em 2013. Os *Theravādas* adicionaram textos no "Cânone Pali", mas não alteraram a base filosófica dos ensinamentos do Louvado.

O *Tipitaka Pali* foi constituído por três partes: o *Vijaya Pitaka*, *Sutta Pitaka* e *Abhidharma Pitaka*. O *Abhidharma Pitaka* pode ter sido adicionado posteriormente aos dois *Pitakas* iniciais, mas na concepção de muitos praticantes e estudiosos budistas foram apenas os dois primeiros quando ocorreu o primeiro concílio budista. O *Abhidharma Pali* não é reconhecido fora dos templos praticantes e escolas *Theravāda*.

Posteriormente, muitos monges adicionaram textos e comentários que se tornaram parte do patrimônio *Theravāda*. Estes textos, no entanto, não têm a mesma autenticidade do que prega o *Tipitaka*, que é composto de 45 volumes escritos no original Pali.

Esses comentários que se uniram também ao *Abhidharma* enfatizam todo o contexto *Theravāda*, mas versões relacionadas ao *Sutta Pitaka* e *Vijaya Pitaka* foram muito comuns nas primeiras escolas budistas, e não são definidas apenas nas escolas *Theravāda*, mas também em outras escolas budistas antigas, e talvez seja até a do próprio ensinamento do Louvado.

Os praticantes do budismo *Theravāda* consideram que as escrituras chinesas e tibetanas sejam obras cujos textos demonstram diferenças dos ensinamentos do Louvado.

Vida leiga do budista Theravāda

Não existe a menor sombra de dúvida de que o objetivo maior, ou único do budismo *Theravāda* é atingir o *Nirvana*, e isso somente é possível através de esforçados estudos e prática da moralidade e meditação, adquirindo sabedoria.

Para isso o budismo tem sido usado tradicionalmente como o domínio de si mesmo, e na maioria das técnicas pode ser utilizado para leigos, o objetivo é gerar felicidades na vida de cada um.

A exigência da vida monástica dos monges e praticantes está dividida em dois aspectos: o monge erudito, que atua nas grandes cidades do mundo, e o monge meditador, que atua exclusivamente nos mosteiros, sendo, nesse caso, a meditação metodicamente praticada. Porém ambos servem às comunidades, se mantêm como líderes espirituais, presidem cerimonias espirituais e litúrgicas, e fornecem instruções aos adeptos de sua comunidade, principalmente sobre a moralidade e os ensinamentos do Louvado.

Os monges eruditos estudam e preservam a literatura *Theravāda* e podem se dedicar à meditação. Podem também tornarem-se mestres do "Canon Pali" e mestres dos chamados *Abhidhammika*, e são notoriamente respeitados na tradição budista.

Os monges mediadores, também chamados de monges da floresta, devido suas tradições de habitarem na natureza, são os especialistas na meditação. A tradição da meditação associada à realização de poderes sobrenaturais, descritas nas fontes Pali, inclui a leitura da mente, o poder sobrenatural e sobre os objetos materiais, e até o próprio corpo.

Ver e conversar com os deuses e os seres do inferno, e também com os seres celestiais, podem lembrar vidas passadas. Estes poderes são chamados *Aabhiñña*.

Os monges *Theravāda* geralmente pertencem a um *Nikaya*, que é uma variada ordem monástica ou fraternidade budista.

Porém, o que se leva em consideração, é que o budismo extingue a ilusão da mente, de onde o mal existe na vida do ser humano, ensina também que todos podem se livrar da ignorância e manifestar sua natureza Budica do *Dharma*, e atingir a iluminação plena.

A principal Sutra do Lótus
Om Mani Padme Hum

- OM – A primeira sílaba abençoa o praticante para atingir a perfeição da prática da generosidade e dissolve o orgulho;
- MA – Auxilia o praticante a aperfeiçoar a prática da ética pura, liberando-o do ciúme e da luxúria;
- NI – Auxilia o praticante a atingir a perfeição na prática da perseverança, consome a paixão e os desejos;
- PAD – Auxilia o praticante a conquistar a perfeição na prática da perseverança, eliminando a estupidez e os danos morais;
- ME – Auxilia o praticante a conquistar a prática da concentração, libertando-se da pobreza e da possessividade;
- HUM – Auxilia o praticante a conquistar a perfeição da prática da sabedoria, consumindo a agressão e o ódio.

O mestre Nitiren Daishōnin, afirma que a *Sutra do Lótus* auxilia na eliminação da ignorância fundamental.

A *Sutra do Lótus* realmente tem seu grande objetivo de afastar as pessoas da escuridão, da ignorância, do mau comportamento e dos vícios mentais, ela tem ainda o poder de trazer para o mundo a necessária reflexão da humanidade em atingir a perfeição aos olhos de Deus, afinal o *Nirvana* nada mais é do que a morada celestial, onde os grandes Boddhisatva e Buddhas residem ao ter eliminado todas as compulsões que adquiriram no decorrer de muitas vidas; reinícios e retornos intermináveis. Isto com certeza é transformar-se num Buddha.

ਓਮ ਮਣੀ ਪਦਮੇ ਹੁਮ

Louvemos a Eterna Sabedoria de Buddha
Os ensinamentos orginais de Buddha

CAPÍTULO VII

Pósfácio

No decorrer da história de todas as religiões, os originais escritos por discípulos ou mesmo por Eles próprios, foram diligentemente distorcidos, onde cada mestre colocou suas experiências e pensamentos pessoais, ocorrendo uma degeneração filosófica de algo que deveria manter-se puro.

Não estão errados, mas, infelizmente, poucos originais de todas as filosofias religiosas se mantiveram inalterados.

As verdadeiras entidades budistas mantêm praticamente inalteradas as *Sutras*, que são os verdadeiros ensinamentos extraídos diretamente das palavras de Buddha, também conhecidas como *Sutras Ágama*. Essas *Sutras* são conhecidas como os únicos e verdadeiros registros dos dogmas que o Louvado legou para toda humanidade.

Lembrando ainda que as *Paramitas* representam um regime espiritual oposto ao negativo no desenvolvimento da visão original do comportamento religioso, mais prescritivas também, é um regime igualando o peso da prática secular monástica, mas o que finalmente empurrou as seis *Paramitas* das primeiras concepções na prática religiosa.

Falei muito do budismo *Mahayana*, e pouco do budismo *Hinayana*, ou mesmo do budismo original (que é o budismo que professo). Pessoalmente não vejo muita diferença nas denominações de "Grande ou Pequeno Veículo", entendo que essa divisão seja um tanto pejorativa no sentido de diminuir a importância do "Pequeno Veículo". Entendo ainda que todo veículo conduz a algum local, e isso depende da concepção, compreensão e esforço de cada praticante e a transmissão da verdade do mestre.

O Grande Veículo (Mahayana)

A tradição *Mahayana*, também conhecida como o "Grande Veículo", é a maior das duas principais tradições do budismo existente, e deriva da escola tradicional *Theravāda*. De acordo com os ensinamentos, tem sua grande tradição de buscar o caminho da iluminação completa, também para os Boddhisatva. Essa tradição é também conhecida como *Boddhisatva Veículo*.

Mahayana sempre foi um dos principais ramos existentes do budismo, ou seja, das práticas da filosofia budista. É originário da Índia, e derivou da mais antiga filosofia histórica budista da seita Mahasamghika, e se espalhou para todos os países asiáticos, incluindo o Zen chinês, e também para os segmentos esotéricos das tradições japonesa da Shingon, Tendai e o budismo Tibetano,

De acordo com as tradições, o "Grande Veículo" era originalmente sinônimo de honra para os seguidores *Bodhisattavayāna*, e significava o "Veículo de Boddhisatva", que buscavam Buddha.

Os textos mais antigos saúdam o "Grande Veículo Mahayana", e raramente fazem menção ao "Pequeno Veículo Hinayana", essa configuração formou-se de uma forma errada em relação às duas correntes do budismo original.

As referências mais antigas e importantes do budismo *Mahayana* estão contidas na *Sutra do Lótus*, (*Saddharma Pundarika Sutra*), e tem como budismo, uma forma resumida de poucas linhas que, erroneamente, se pensam das *Sutras*, onde se encontra esse texto também chamado de *Prajnaparamita* ou *Paramitas*.

O pequeno veículo (Hinayana)

Apesar de a grande maioria dos estudiosos e divulgadores da filosofia budista considerar o seguimento *Theravāda* como um segmento *Hinayana*, inclusive citada pelo segmento *Mahayana*, e que consideram *Hinayana* como semelhante ao budismo *Theravāda*, na verdade o budismo *Hinayana* se refere aos segmentos budistas que não aceitam os ensinamentos utilizados pelas *Sutras Mahayana*, como os verdadeiros ensinamentos do Louvado.

Como o termo *Hinayana* tem uma conotação pejorativa, muitos estudiosos, praticantes e divulgadores não utilizam seu nome amplamente, sendo uma corrente mais fechada do budismo.

Ao mesmo tempo deve-se diferenciar e não confundir os ensinamentos *Hinayana* com os ensinamentos *Theravāda*, mesmo porque os termos não são sinônimos.

Seria incorreto também pensar que a filosofia *Theravāda* e *Hinayana*, não se interagem, porque isto aconteceu desde que *Rahula*, o filho do "Iluminado", escreveu que ambos os segmentos interagiriam regularmente.